JN288978

行徳郷土史事典

history of Gyotoku

鈴木和明

文芸社

序

本書をひもとくみなさんに心より感謝いたします。この本は、読者のみなさんの温かい励ましのお言葉に支えられて完成したからです。

先輩の郷土史家の方々にも心より御礼申し上げます。先達たちが成し遂げた業績と研究成果があったればこそ、本書の完成があったと信ずるからです。

本書の作成にあたって次の点に留意しました。

第一に、詳細な年表を作成したことです。特に、行徳《ぎょうとく》塩浜の災害とその対応策については、「塩浜由来書」その他の古文書に記載された事柄を時系列に整理して収録しました。年表だけで一編の物語ができあがったと考えています（なお、古文書の引用にあたっては、できるだけ現代文に意訳するよう努めました）。

第二に、「塩浜由緒書」「塩浜由来書」を収録したことです。出典は、『市川市史第六巻　史料近世（上）』（吉川弘文館）収録のものを載せました。郷土史研究に役立てていただければ幸いです。

第三に、先達のみなさんが詳細に記述していた分野については、刊行済みの労作に譲りました。本書を読んで不足を感ずる部分は、発行されている関係書籍を参考にしていただきたいと思います。本書の役割は、郷土史を補完して豊かにするためのものだと思っています。

第四に、項目の選定にあたっては、これまで比較的埋もれていた事柄を紹介するように心がけました。

「世の営みに遑《いとま》なく、夜分の閑暇に書き集めたれば、論なくも、書損多かるべし。重ねて閑暇を見合せ、認め直すべし」と「葛飾誌略」の著者は述べています。それはそのまま、私の感慨でもあります。

巻末に、執筆にあたって参考にした文献を掲げました。謝して心より御礼申し上げます。

二〇〇三年四月吉日

鈴木和明

行徳郷土史事典　●目次

本行徳周辺地域

新井、当代島地域

南行徳〜宝地域（旧海岸沿い）

郷土史資料

巻頭言——神明神社の御塩浜《みしおはま》

お伊勢様がお住まいになった地

本行徳一番に神明神社（豊受神社）があります。本社は「行徳様」と崇め敬われた金海法印が、大永七年（一五二七）に伊勢内宮の土砂を中洲（現在の江戸川区篠崎町辺り）の地に運び、内外両皇大神宮の分霊をお迎えしてお祀りしたと伝えられます。

内宮の祭神は天照大御神《あまてらすおおみかみ》であり、外宮の祭神は豊受大御神です。豊受大御神は天照大御神の食物を主宰する神です。そのため、日本人の主食とする米を中心とする衣食住、ひいては産業を司る神とされています。

江戸川区篠崎町付近は葛西御厨《みくりや》の東の端にあたります。御厨とは伊勢神宮の神領のことです。永万元年（一一六五）三月二一日の「櫟木文書《くぬぎもんじょ》」に葛西御厨の名があります。鎌倉時代になって葛西氏が葛西三十三郷を追加寄進しています。

現在の行徳の対岸の下篠崎町、東篠崎町一帯は、かつては「中洲」と呼ばれた場所であり、神明神社の小祠はそこにありました。その場所は、鎌倉以前の平安の時代に伊勢神宮へ寄進された葛西御厨の篠崎郷内でした。

当時の江戸川は、押切、伊勢宿、関ケ島の辺りに河口がありました。中洲は広々として小高くなっていて、流れは浅くゆるやかでした。

行徳様は山伏とされていますが、伊勢神宮の神官とも考えられます。十世紀以降、地方豪族たちは土地の私有化をすすめ、神社や皇室に寄進し、国司の役人の支配を逃れようとしました。葛西御厨内の中洲に神明神社を建立したのは、伊勢神宮の布教のためだったのです。

「行徳」の地名発祥は金海法印（九四頁参照）に由来するといわれますが、「香取文書」では応安五年（一三七二）にすでに「行徳等関務」と書かれています。そのため、伝承よりも早い時期に神明神社の小祠があった可能性もあります。

神事に欠かせない塩

伊勢神宮で使用する御塩《みしお》は二見浦《ふたみのうら》の御塩浜《みしおはま》で焼きます。いまでも、古代の製法の揚浜式、入浜式で製造しています。

伊勢を行徳におきかえて考えてみましょう。中洲の神明社にとっての御塩浜とは行徳塩浜を指します。伊勢神宮を勧請《かんじょう》した神明神社の祠《ほこら》では「行徳様たち」が、毎日神に供物を捧げる「日別朝夕《ひごとあさゆう》」の大御饌祭《おおみけさい》をしました。米は御厨内の公田（神田）で、御塩は行徳塩浜で採り、野菜と果物も御厨内のものが採れました。なお、カツオブシ、鯛、昆布、清酒などは明治になってから加えられたものです。

行徳様が禊《みそぎ》をする川は江戸川でした。伊勢神宮の禊川は五十鈴川であり、御手洗《みたらし》をしました。

夏の盛り、江戸川河口の北東、稲荷木《とうかぎ》、大和田、河原、田尻、高谷《こうや》、妙典《みょうでん》、本行徳周辺の塩浜で鹹水《かんすい》を採ります。鹹水とは塩分濃度の高い潮水のことです（一八四頁参照）。それを一昼夜かけて釜で炊いて荒塩にし、秋に土器に詰めて焼きます。できあがった精製塩（堅塩）をお祭りに使ったのです。このように、伊勢神宮と同様のお祭りを中洲の神明神社もしていたと考えられます。

製塩法は行徳様が教えた

「塩浜由緒書」では「行徳領の村人が上総国の五井へ行き、習い覚えて自家用に塩を焼いていた」としています。

また「塩浜由来書」では「塩浜発端の儀は何百年以前のことであろうか分からない、年貢塩は船にて相州小田原へ納めていた」としています。

以上は幕府に提出した年貢減免願書などにあった内容ですが、行徳様との関係、ひいては伊勢神宮との関わりが注意深く避けられています。

北条氏が行徳塩浜から塩年貢を取れるほどの生産量の増加、品質の向上はどのようにして可能だったのでしょうか。それは、行徳様が神事に使用する塩を調達するために技術指導をしたためと思われます。伊勢二見浦から現場作業員を連れて来たか、それとも行徳様自身が技術者だったのでしょう。

江戸川変流工事で本行徳へ遷宮

徳川家康は、天正一八年（一五九〇）八月一日の江戸入府と同時に、行徳を天領（直轄領）としました。「塩の儀は御軍用第一の事、御領地一番の宝」として、塩の生産地を押さえたのです。これは豊臣秀吉に対抗するためでした。伊勢神宮の御塩浜についてはは触れていません。

そのため、塩浜の大造成工事を実施するとともに、江戸川の流れを現在の流れにするための大土木工事を行ないました。その結果、浦安が河口となり、塩浜が増えました。行徳七浜が十六浜になったのです。

工事の完成は寛永二年（一六二五）頃で、塩浜検地は同六年（一六二九）でした。寛永一二年（一六三五）になり、中洲にあった神明神社は現在地の本行徳へ遷座されました。江戸川の流れが変わって行き来に不便になったこと、本行徳の地が名実ともに中心地として栄えたことによります。なお、葛西御厨は豊臣秀吉による太閤検地によって最終的に消滅しました。神明神社が中洲から遷座されたのもうなずけます。

建物は、塩浜の一五カ村からの寄進によって大社に造立されました。塩浜の農民は、神明神社と行徳塩浜の関係を承知していたと考えられます。

ただし、徳川幕府は遷宮した神明神社の除地として、わずか五升六合の土地しか与えませんでした。徳願寺一〇石、源心寺六石と比べたらいかに少ないかわかります。それは徳川幕府の政策によるものでした。伊勢神宮でお祀りする天照大御神は、初めは宮中に天皇と同殿共床でお祀りされていたのを、現在地に鎮座されたものだからです。

徳川幕府としては、芝増上寺の末寺である浄土宗寺院などを過分に保護することによって、伊勢神宮の勢力の伸長を防ごうとしたのです。

行徳俳人の意気

元禄二年（一六八九）、松尾芭蕉は『奥の細道』の旅の最後に伊勢二見浦に立ち寄りました。そこで、本塩の法善寺にある句碑「潮塚」の「宇たがふな潮の華も浦の春」の句を詠みました。句碑は芭蕉の百回忌にあたり、行徳の俳人戸田麦丈らによって寛政九年（一七九七）に建立されました。

芭蕉が伊勢神宮の御塩浜である二見浦で詠んだ句を、江戸時代の元禄になるまで行徳塩浜の中心地だった本塩の地に句碑として残したことは、大変重要な問いかけをしていると考えられます。

行徳塩浜は、伊勢神宮の分霊である神明神社の「御塩浜」であり、生産される塩は神事に使われる「御塩」だからです。行徳の俳人たちはそのことを知っていたのです。

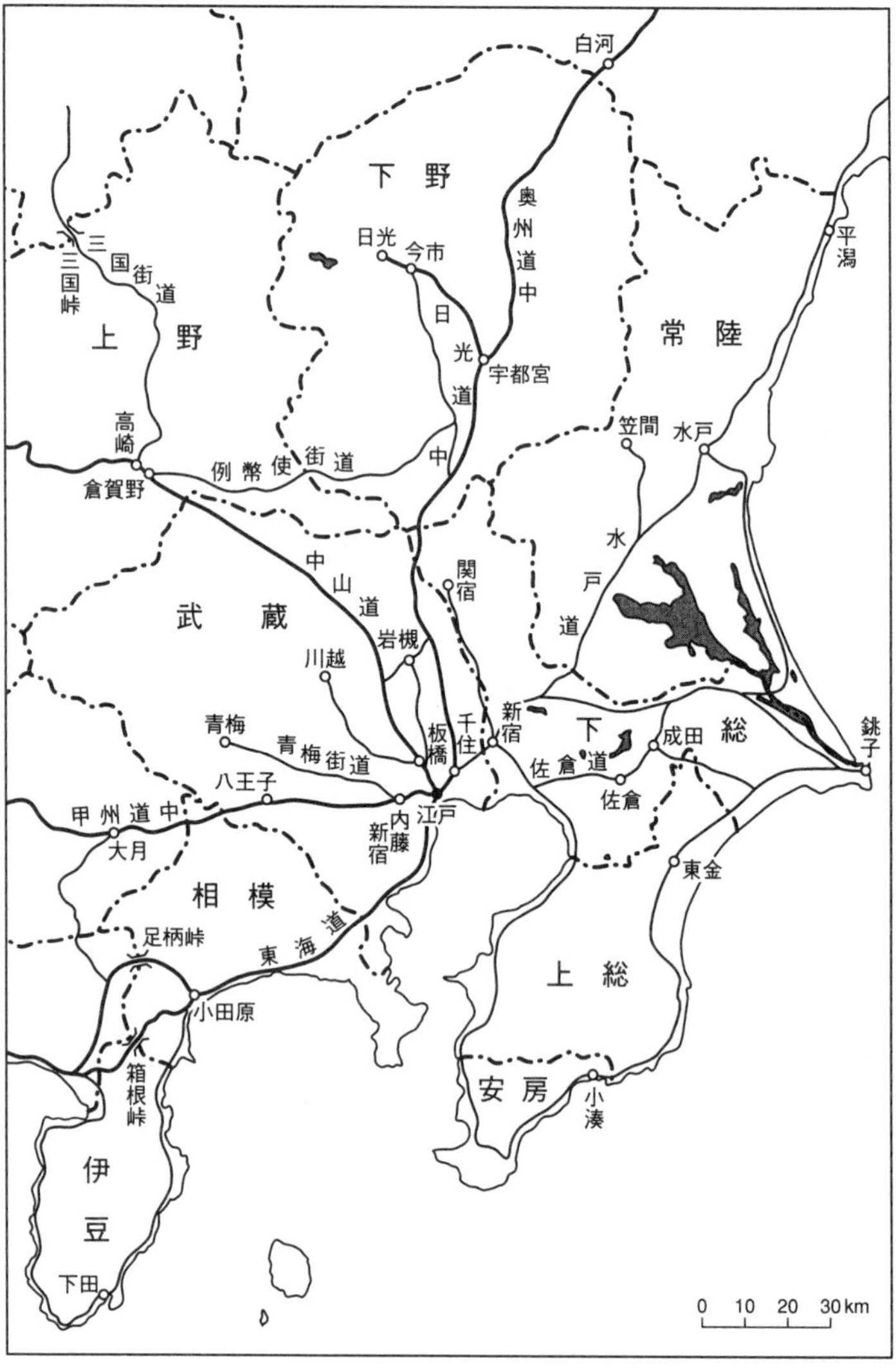

江戸時代のおもな街道

「江戸時代の村のくらし② 街道と水運」(江戸川区教育委員会編)より

句碑が建立された法善寺は浄土真宗のお寺です。浄土真宗は念仏宗ともいわれ、一向一揆の中心勢力でした。徳川家康は領土内の一向宗の頑強な抵抗にあって苦しい経営を強いられたことがありました。芭蕉の句碑が浄土真宗の寺に建立されたことは、行徳俳人の意気を天下に知らしめることになったのでした。今では、本堂前の樹木の下に苔むして静かに句碑は佇んでいます。

行徳の歴史を振り返る（郷土史年表）

本来なら年表というものは、一つの資料として後ろの頁に掲載されることが多いと思います。しかし本書ではあえて「巻頭言」の次に持ってくる形にしました。

「序文」でも述べましたが、詳細な年表を作成しているうちにただ単に年表ではなくその中には物語的な要素が織り込まれ、読み物としてもおもしろいのではと考えるようになりました。

本文を読んでいただく前にこの年表に目を通していただきますとよりわかりやすく、なるほどと納得していただけるものと思います。

西暦	出来事
前五〇万年頃	●関東ローム層の堆積
前　二万年頃	●最後の氷期（ヴュルム氷期）の末期。市川にもナイフ状の石器を使い狩猟や採集をする人々が住む。丸山遺跡、堀内P地点遺跡。 ◇関東地方は半年は冬であり、気温は今より一〇度も低い。一〇月に雪が降り、一二月の気温は低く零下二〇度にも下がる。海面は現在より一〇〇～一二〇mほど低く、東京湾全体が陸地だった。巨大な川、古東京川の河口が浦賀水道の水深一〇〇mのところにあった。地表に近い立川層というロ

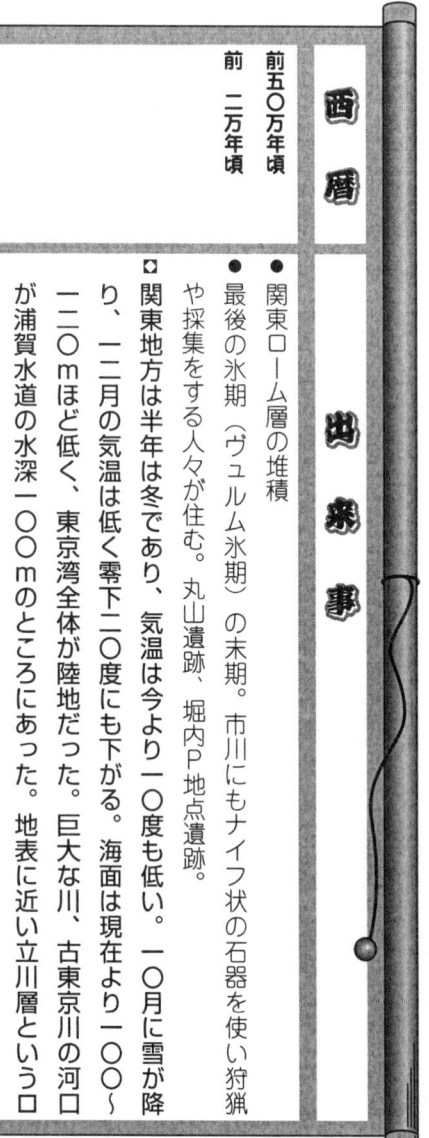

	ーム層は一～三万年前の富士山の火山灰である。
前　一万年頃	●海面が六〇～七〇ｍも上昇。縄文海進（有楽町海進）という。曽谷台地の殿台遺跡、柏井台地の今島田遺跡。
前五〇〇〇年頃～前三〇〇〇年頃	●縄文海進（有楽町海進）が最高潮に達する。現在の海抜一三ｍまでの地域はことごとく海となる。奥東京湾は大宮、幸手、関宿付近まで達した。市川台地の貝塚が発達した。
前二五〇〇年頃	●海進が停滞した。貝塚文化が最盛期、馬蹄形貝塚の形成が始まる。
前一五〇〇年頃	●市川砂州（現在の千葉街道）の形成が始まる。海退の始まり。
前一〇〇〇年頃	●海退の進行と市川砂州の発達、国分谷や大柏谷が沼地や湿地になり貝塚文化が衰退。海退速度は平均して一〇〇年で一km。 **◆貝が採れなくなり、塩作りを覚える。大貝塚の消滅。**
前一〇〇年頃	●市川砂州の発達で、その北側の湿地帯になった須和田台地で農耕文化が展開。南関東最初の弥生式土器の須和田式土器を使用（須和田遺跡）。水田の広がり。
四世紀	●大和朝廷成立。倭、朝鮮に出兵して高句麗と戦う。 ●ヤマトタケルの東征始まる。東海道を相模の走水（横須賀―久里浜）から総《ふさ》の国（富津―木更津）へ渡海する。

五世紀

●館山湾、小糸川下流（富津市）、小櫃川下流（木更津市）、養老川下流（市原市）、江戸川下流（市川市）の海部族ヤマトタケル軍を輸送。

六世紀

●房総地方に印波国造、菊麻国造などの国造の支配体勢成立。

◇**下総《しもふさ》西南地域最大の前方後円墳の法皇塚古墳を国府台台地に築造。古墳の築造が盛んになる。市川砂州前面の海側に鬼高遺跡できる。**

年号　西暦

下総国府置かれる

大化　元年　六四五

●中大兄皇子、藤原鎌足らにより蘇我氏が倒され大化改新始まる。

二年　六四六

●大化改新の詔が発せられる。

●六五〇年頃、総の国は上総《かみふさ》、下総に分けられ、下総国府が国府台に置かれる。

天智　九年　六七〇

●最初の全国的戸籍「庚午年籍《こうごねんじゃく》」が作られ、民は旧来の社会的関係に因む氏名がつけられて戸籍に登録される。

文武　二年　六九八

●九月七日、下総国に大風、百姓の住居を壊す。

●一一月、下総国、牛黄を献上。

大宝　元年　七〇一

●紫菜《むらさきのり》が調《みつぎ》として都へ運ばれた。

●八月、大宝律令施行。

	二年	七〇二	◇八月五日、下総、駿河二カ国に大風、百姓の住居破壊、作物に損害。 ◇この年、下総、駿河、伊豆、備中、阿波五カ国飢饉。
	三年	七〇三	●七月五日、正五位上上毛野朝臣男足、下総国守となる。
慶雲	元年	七〇四	●七月三日、下総国、白鳥を献上。
和銅	三年	七一〇	●三月一〇日、都を藤原京から平城京へ移す。 ●この頃（八世紀）、須和田集落は竪穴式住居で真間式土器を使用。国分谷に条里制水田が展開。国分谷の権現原に集落できる。
霊亀	元年	七一五	●里を郷と改め、郷里制がしかれる。
養老	二年	七一八	●五月二日、上総国を分割して安房《あわ》国を置く。
	三年	七一九	●七月一三日、常陸国主藤原朝臣宇合《うまかい》、按察使《あんさつし》となり走水から富津海岸に上陸。下総、上総、安房を管轄。万葉歌人高橋虫麻呂同行。
	四年	七二〇	●五月二一日、舎人《とねり》親王「日本書紀」を撰上。

万葉歌人登場

	七年	七二三	◆この頃、高橋虫麻呂、山部赤人ら、真間の手児奈《てこな》の歌を詠む。下総国勝鹿（葛飾）の真間は湊だった。

七年	七二三	●八世紀の防人はもっぱら東国から徴兵され、真間湊を出た葛飾郡の防人の歌がある。東京湾を相模に渡り、北九州の国境警備に赴いた。男子三人に一人を徴兵し、任期は三年。
天平年間		●七四九～七五六年頃、下総国分寺が造営される。
		●七五九年、「万葉集」二〇巻できる。過去三五〇年分の長歌、短歌、連歌その他約四五〇〇首。**「葛飾の真間の浦廻《うらみ》を漕ぐ船の船人騒ぐ波立つらしも」（作者不詳）。真間の浦とは狭義では古来からの行徳地先の海。**
		●七六二～七六九年頃、下総国その他で旱魃《かんばつ》、年貢七、八割免除、食を与える。
宝亀　二年	七七一	●一〇月二七日、相模—上総—下総の東海道を廃し、相模—武蔵—下総に変更。夷参（座間市）—小高（川崎市）—大井（大田区大井）—豊島（千代田区麹町）—井上（墨田区寺島）—国府台のルート。
天応　元年	七八一	◇**この年、下総国飢饉、政府の救助策あり。**
延暦　三年	七八四	●一一月一一日、長岡京遷都。
四年	七八五	●七月、下総国、大風、作物に損害あり百姓飢饉に苦しむ。
一三年	七九四	●一〇月二二日、平安京遷都。
延暦一六年	七九七	●この年、下総、甲斐両国飢饉、貧民に稲を安く売り与える。
大同　二年	八〇七	●二月一三日、斎部広成「古語拾遺」を撰上、総の国、上総、下総、安房の

いわれを記す。

弘仁 九年 八一八 ◇**七月、下総、相模、武蔵、常陸、上野、下野などに大地震、山が崩れ谷が埋まり、無数の百姓が圧死。**

承和 二年 八三五 ●八月二九日、太日川（江戸川）と住田川（隅田川）の渡船をそれぞれ二艘から四艘に増加、正税をもって買い備えさせる。

一〇年 八四三 ●六月、下総、上総など一八カ国飢饉。

赤穂に塩荘園成立

嘉祥 三年 八五〇 ◆在原業平、角田川（隅田川）を渡り下総国府へ来る。「名にしおはば　いざこと問わむ都鳥　わが思ふ人は　在りやなしやと」を詠む。

●伊勢物語に業平らしき主人公登場。

貞観 五年 八六三 ◆この頃、播州赤穂に東大寺の塩荘園が成立。

六年 八六四 ◇**連年の水害と旱魃、**下総国葛飾郡などの百姓の調、庸を二年間免除。

一七年 八七五 ●下総国の俘囚《ふしゅう》反乱、国分寺を焼き、良民を殺害。

一八年 八七六 ●非常に備えるため下総国に陰陽師を置く。

延喜 元年 九〇一 ●一月二五日、菅原道真太宰権師に左遷される。

五年　九〇五　● 四月一五日、紀貫之ら「古今和歌集」を撰上。

天慶　三年　九四〇　● 平貞盛、藤原秀郷らにより、平将門が討たれる。

寛仁　四年　一〇二〇　◈ 九月、菅原高標の女（一三歳）、父上総守の帰順に従い江戸川を松戸で渡り武蔵国を通過。康平元年（一〇五八）、「更級日記」を著す。

永保　三年　一〇八三　◇ 三月、富士山噴火。

天仁　元年　一一〇八　◇ 七月、浅間山大噴火。

大治　五年　一一三〇　● 一二月、千葉常重、私領下総国相馬郡布施郷を伊勢神宮に寄進、相馬御厨成立。

永万　元年　一一六五　◈ 三月二一日、櫟木文書「占部安光文書紛失状写」に「皇太神宮御領下総国葛西御厨領家口」とあり。伊勢神宮関係文書。

源頼朝立つ

治承　四年　一一八〇　● 八月二八日、源頼朝、石橋山の合戦に敗れ、海路で安房国に入る。

◈ 本行徳四丁目に笹屋といううどん店があり、頼朝がうどんを食べたのはこの店だと称している（「東葛飾郡誌」より）。笹屋の由来を書いた六曲がりの大屏風。「房総三州漫録」にも頼朝の逸話あり。

文治	二年	一一八六	●三月一二日、「吾妻鏡」に「八幡」の記載。八幡庄の初見。
建久	三年	一一九二	●七月一二日、源頼朝、征夷大将軍となる。 ●この頃までに、千葉常胤、下総一国の守護職になり相伝される。
元仁	元年	一二二四	●親鸞「教行信証」執筆、五二歳。一二二六年頃関東地方を布教。
仁治	二年	一二四一	●六浦と鎌倉間に道路ができ、「朝比奈切通」と呼ばれる。安房、上総、下総から六浦に人と物資が集中。 ◆**行徳のうち湊村というは海辺より大船の川への入口なり、ただし、右鎌倉船の入津（入港）場なり（「葛飾記」より）。**
文応	元年	一二六〇	●七月一六日、日蓮「立正安国論」を北条時頼に献上、三九歳。 ●秋頃、日蓮、（市川市）若宮に住む富木常忍のもとに身を寄せる。
弘安	五年	一二八二	●一〇月一三日、日蓮、武蔵国池上に没す。
永仁	元年	一二九三	◇**鎌倉に大地震、死者二万人余。** ◇**八月二五日、大津波、当代島全滅（「東葛飾郡誌」）。**
暦応	元年	一三三八	●足利尊氏、征夷大将軍となる。

「行徳」の地名初見

応安　五年	一三七二	●一一月九日、「香取文書」「藤氏長者宣寫」に「行徳等關務」とあり。 ●一二月一四日、「香取文書」「室町将軍家御教書寫」に「行徳關務事」とあり。「香取文書」とは「佐原市香取神宮関係文書」のこと。
永和　三年	一三七七	●三月一七日、中山法華経寺文書「希朝寄進状」に「下総国葛西御厨篠崎郷内上村を永代寺領にめさるべく候」の記載あり。
至徳　四年 (嘉慶　元年)	一三八七	◆五月一日、「香取文書」「大中臣長房譲状」に「きやうとくのせき(行徳の関)、合五けせきの事」とあり。
応永　五年	一三九八	●八月、「櫟木文書」「葛西御厨田數注文寫」に「今井」とあり。伊勢神宮関係文書。
文安　元年	一四四四	●浄土宗聖中山正源寺建立。
康正　二年	一四五六	●一月一九日、足利成氏、市川を攻め、千葉実胤・自胤らは武蔵国赤塚城に逃れる。
長禄　元年	一四五七	●四月、太田道灌、江戸城を築く。
応仁　二年	一四六八	●浄土真宗親縁山了善寺建立。

文明一〇年 一四七八
● 一二月一〇日、太田道灌、国府台に出撃、堺根原（松戸市）に陣を敷いた千葉孝胤の軍を破り、市川を手に入れる。

文明一八年 一四八六
● 太田道灌、伊勢原にて暗殺。「葛飾記」に堀江村河尻堂免を掘割り、江戸川の水を落としたため、と記載あり。

明応 四年 一四九五
● 九月、北条早雲、相模小田原城を襲い、奪う。

永正 六年 一五〇九
◈ **七月〜一二月、連歌師柴屋軒《さいおくけん》宗長、すみた川の河舟にて今井の津に下りる。紀行文「東路の津登」を著す。今井は浅草からの河舟の津。**

国府台合戦起こる

天文 七年 一五三八
● 一〇月七日、第一次国府台合戦。北条氏綱、足利義明と里見義堯を破る。

一一年 一五四二
◈ **出羽国金海法印きたりて羽黒法漸寺末行徳山金剛院建立。御行屋敷という。ただし、享保年中に退転す（「葛飾誌略」より）。**

一九年 一五五〇
◇ **三月、砂降る、昼暗きこと七日間（「東葛飾郡誌」）。**
● 真言宗不動山養福院建立。

二二年 一五五三
● 一月、伊勢外宮庁、葛西御厨三十三郷の神税上分の納入を命ずる。

二三年 一五五四
● 臨済宗塩場山長松寺建立。本願主松原淡路守永正。

天文年中			●浄土宗来迎山光林寺建立。
永禄	三年	一五六〇	●五月一九日、織田信長、桶狭間の戦いで今川義元を破る。
	七年	一五六四	●一月七日、第二次国府台合戦。篠田雅楽助清久、河原の地を賜る。
			◈小田原北条支配浜、行徳七浜と称される。上流から稲荷木、大和田、田尻、高谷、河原、妙典、本行徳の七カ村。
	八年	一五六五	◈篠田雅楽助、日蓮宗妙栄山妙好寺創建。河原を分割、妙典とする。
	一〇年	一五六七	◈一〇月頃、甲州家と北条家と楯鉾の時、小田原より甲州へ塩留め、流石の名将（武田信玄）も難儀（「葛飾誌略」より）。
			◈年貢塩、相州小田原へ船廻しにて相納め候由、是又申し伝え候（「塩浜由来書」より）。
元亀	元年	一五七〇	●浄土宗真宝山法泉寺建立。
			●浄土宗仏貼山信楽寺建立。教善寺に合併し、教信寺となる。
天正	二年	一五七四	●浄土宗仏法山法伝寺建立。
	三年	一五七五	●真言宗関島山徳蔵寺建立。
	四年	一五七六	●真言宗医王山宝性寺建立。徳蔵寺に吸収。
	一〇年	一五八二	●六月二日、本能寺の変。織田信長死す。
	一三年	一五八五	●七月一一日、豊臣秀吉、摂政関白となる。

一六年 **一五八八**

◆この年の奈良の塩価、米五斗で塩二石（二〇斗）の割合（一：四）。

●真言宗神明山自性院建立。

一七年 **一五八九**

●一一月二四日、秀吉、小田原を討つため軍令を発する。

家康、塩浜の大増築工事を命ずる

一八年 **一五九〇**

◇**二月、大地震、人畜の死傷多し。**

●六月二三日、北条氏照の八王子城、前田利家と上杉景勝に攻められ陥落。守将の狩野一庵討死。

●一庵の子、新右衛門は後年、欠真間に源心寺を建てる。浄天と号し、田中内匠とともに内匠堀を開削したと伝承（「葛飾誌略」）。

◆八月一日、徳川家康、秀吉の命により関東へ移封、江戸城へ入城。

◆家康、行徳塩搬入のため小名木川開削の突貫工事を命ずる。

◆江戸での塩一斗は米三升三合（一：三）。一日に兵一人あたり米六合、塩〇・一合、味噌〇・二合。

一九年 **一五九一**

◆この年から本行徳の百姓ら、江戸城への行徳塩の輸送を始める。冥加年貢として毎日一石を御春屋《おつきや》上納。

一九年　一五九一
◈行徳領塩浜開発手当金について、「大日本塩業全書」は天正一九年一月、家康一〇〇〇両、文禄四年（一五九五）、秀忠三〇〇〇両、元和元年（一六一五）、家光二〇〇〇両。秀忠も家光も将軍職につく前であること、船橋御殿は慶長一七年（一六一二）の建設であることなどから疑問視される。「郊外見聞録」は慶長一三年（一六〇八）、家康三〇〇〇両、元和三年（一六一七）、秀忠二〇〇〇両、寛永五年（一六二八）、家光一〇〇〇両としている（「下総行徳塩業史」）。

文禄　元年　一五九二
●三月、秀吉、朝鮮出兵を命ずる（文禄の役）。

三年　一五九四
●伊奈忠次、利根川の第一次改修工事開始。利根川変流計画。

慶長　元年　一五九六
◈一月晦日、代官吉田佐太郎、妙典村治郎右衛門に新塩浜開発書付を与え、五年間諸役免除、それ以後は生産高の一〇分の一の年貢とした。
●真言宗宝珠山延命寺建立。

二年　一五九七
●浄土宗浄林寺建立。廃寺となる。

三年　一五九八
●豊臣秀吉没、六二歳。

五年　一六〇〇
●浄土真宗仏性山法善寺建立。別名塩場寺。
●八月四日、徳川家康、上杉攻めから江戸川を下り船堀川、小名木川を通り江戸城へ戻る。このあと、関ケ原の戦いに赴く。

六年	一六〇一	◘ 一二月一六日、地震、津波、人畜の死傷多し。
八年	一六〇三	● 二月、徳川家康、征夷大将軍となり、江戸幕府成立。
一〇年	一六〇五	● 四月、徳川秀忠、将軍となる。家康、大御所となり実権を握る。
一三年	一六〇八	◈ 家康、行徳領塩浜開発手当金三〇〇〇両を与える（「下総行徳塩業史」）。
		● 幕府、永楽銭の通用を禁止。以後、年貢のための名目となる。
一五年	一六一〇	● 浄土宗海巌山徳願寺建立。
一六年	一六一一	● 狩野浄天、欠真間に浄土宗西光山源心寺を建立。
一七年	一六一二	● 船橋御殿造営。一六一二～一六一五年頃の造営とされるが未詳。
一八年	一六一三	● 一二月、東金御成街道建設。
一九年	一六一四	◈ 一月九日、家康、上総国東金へ渡御。八日、今井の渡しから行徳を通過。
		● 九月、幕府、キリシタンをマニラに追放。
		◘ 一二月、津波。
		● 浄土宗松柏山清岸寺建立。
元和 元年	一六一五	● 五月、大坂夏の陣により豊臣家滅びる。
		● 仙台松ケ江に行徳の某神詞者玄蕃塩田開発を勧誘。一二景の内に行徳島なる島がある。
		● 浄土宗十方山大徳寺建立。

二年 一六一六 ● 四月、徳川家康没（七五歳）。

◆ 八月、行徳船津に定船場以外で渡し等を禁止する「定」が出された。市川の渡しが重要箇所一六のうちの一つとして定船場に指定される。

三年 一六一七 ● 曹洞宗秋葉山新井寺建立。

◆ 秀忠、行徳領塩浜開発手当金二〇〇〇両を与える（「下総行徳塩業史」）。

五年 一六一九 ● 田中内匠（重兵衛）、当代島に善福寺を建立（「葛飾誌略」）。寺歴によれば、明暦二年（一六五六）、栄祐の創建とされる。

六年 一六二〇 ◆ 狩野浄天、田中内匠の両人、潅漑用水路開削のため公に訴訟し免許を願い出る（「葛飾誌略」）。開削年代不明。囃子水―八幡圦樋までが寛永までに、八幡圦樋―稲荷木・田尻までが元禄までに、河原―当代島までが元禄検地前後に開削。

七年 一六二一 ● 浄土宗青暘山善照寺建立。

九年 一六二三 ● 七月、徳川家光将軍となる。秀忠、大御所となり実権を握る。

寛永検地実施される

寛永 元年 一六二四 ◇ 八月四日、利根川洪水。

二年 一六二五 ◆ 押切、伊勢宿の地で江戸川を締め切り、現在の流路に変更。今井の渡しの上流に堰を築き船の通航を禁ずる。利根変流工事の一環。

◆**この頃、川床跡地の押切の地に行徳河岸（祭礼河岸）を設ける。**

◆**押切の地は昔の川跡だから、塩宜しからず所、**の言伝え（**「葛飾記」**）

三年　一六二六　●浄土宗飯沢山浄閑寺建立。

四年　一六二七　●仙台流留村の菊地惣右衛門、行徳より老練者二名を雇い、塩焼きの技術を伝える。

五年　一六二八　◆**家光、行徳領塩浜開発手当金一〇〇〇両を与える（「下総行徳塩業史」）。**

六年　一六二九　●川幅二〇間の新川の開削成る。古川は廃され、脇水路となる。

●小名木川を川幅二〇間に拡幅する。

●三月一五日、狩野浄天没。

◆一〇月、**代官伊奈半十郎、行徳領一六カ村の塩浜検地（古検）を実施。塩年貢永六〇四貫八六七文。**堀江、猫実、二子、本郷、印内、寺内、山野、西海神八カ村の塩浜、荒浜となり塩浜永免除。塩浜の反別（面積）不明。五分の一塩、五分の四金納とされる。

八年　一六三一　◆**秋、本行徳から利根川べりの木下までの街道を新設。鹿島道（木下街道）**という。別名なま道。銚子からの鮮魚を行徳河岸を経由して日本橋の魚市場まで輸送する産業道路だった。

八年 一六三一 ● 一〇月、今井の渡し許可（「東葛飾郡誌」）。欠真間村より瑞穂村上今井まで。

九年 一六三二 ● この年、幕府、諸宗の本山に対して末寺帳の提出を求める。

◈ **本行徳村が他村に勝ち、関東郡代伊奈半十郎の許可を得て、行徳船の運行始まる。** 本行徳河岸―江戸日本橋小網町間、三里八丁。旅人改番所設置。当初は一六艘、寛文一一年五三艘、嘉永年間六二艘。明治一二年廃止。

一〇年 一六三三 ● 幕府、川船奉行を置く（一名）。幕府、海外渡航を禁止。

一一年 一六三四 ● 九月一七日、本行徳の番所で夜盗二人を捕らえ、銀三枚、三つ道具賜る。

一二年 一六三五 ● 徳川家光、参勤交代を制度化する。寺請制度始まる。

● 中洲の神明社を本行徳一丁目の現在地に遷座。

一四年 一六三七 ● 一〇月、島原の乱起こる。

一八年 一六四一 ◈ **利根川と接続する上流域の江戸川の変流工事完成。**

災害多発

正保 元年 一六四四 ● 生實城主森川半弥重政家来久三郎とイネ駆け落ち、今井の渡しで捕らえられ磔の刑になる。**ねね塚の伝承。石地蔵立つ（「葛飾誌略」）。**

● 幕府、田畑永代売買を禁止。

慶安 二年	一六四九	◇江戸に大地震。
四年	一六五一	●七月、由井正雪事件起きる。市川の渡しが番所から関所になる。
		◇一〇月、津波により、行徳、葛西で民家数千戸流失。
		●田中内匠没。
承応 元年	一六五二	●一二月、佐倉宗吾一揆起こる。
三年	一六五四	●銚子から太平洋へ注ぐ利根川の東流工事完成。
明暦 二年	一六五六	●真言宗東海山善福寺建立。
三年	一六五七	●一月、江戸に大火（振り袖火事）。
		◇一〇月、津波。
万治年間		●真言宗水奏山圓明院建立。
寛文 元年	一六六一	●この年、小名木川の隅田川口川船番所、中川口に移され、中川番所と称する。
二年	一六六二	◇津波。
五年	一六六五	●一〇月一五日、押切に阿弥陀如来像の庚申塔が建つ。おかね塚伝承。
一一年	一六七一	●この年、行徳船五三艘。
延宝 五年	一六七七	◇九月二〇日、暴風、津波。
六年	一六七八	●この年、幕府、川船奉行を三名に増員。江戸湾に流入する大小河川の川船に極印を打ち、川船からも年貢・役銀を徴収。ただし、行徳船は非課税。

八年　一六八〇

◘ **八月六日、大津波、行徳領で一〇〇人余流死。香取、湊新田で五五人流死。家財、塩浜諸道具、雑穀など悉《ことごと》く流失。** 行徳塩浜村民、代官伊奈半左衛門より仕入金借用叶わず、江戸商人田中恒右衛門から金九〇〇両の借金。堤普請は人足一人につき鐚《びた》一〇〇文、そのほか、夫食拝借なし。

貞享　二年　一六八五

● 行徳村の権七、半右衛門が津軽藩の塩田の見立てをする。

四年　一六八七

● この年、幕府、生類憐みの令を発す。

◈ **八月、松尾芭蕉、本行徳から木下道にて鹿島へ吟行。**「鹿島紀行」を著す。

元禄検地実施される

元禄　元年　一六八八

● 行徳塩浜村民、延宝八年の借金返済できず、江戸商人田中源右衛門に田地・屋敷・塩浜を残らず質物に入れ、証文を提出。

三年　一六九〇

◈ **行徳船津が新河岸に移される。**

● 徳願寺十世覚誉上人により**行徳札所三三カ所巡り始まる。**

一〇年　一六九七

● 一〇月六日、新井村に妙栄信女のために法華書寫塔が建てられる。**お経塚**伝説。宝永年間に慈潭和尚の火定あり。

◘ **関東に大地震**

●この頃までに、河原—当代島に至る内匠堀が開削される。

●この頃までに築かれた潮除堤の跡地を昭和の時代に「へび土手」と称した。元禄耕地囲堤。地域によっては「**蛇山**」とも称す。

一五年 **一七〇二**

◆**八月、幕府代官平岡三郎右衛門ら、行徳領の塩浜検地を実施。塩浜反別一九一町七反七畝二四歩、塩浜年貢永五〇七貫四五三文一分、**四分の一塩納、四分の三金納となる。当代島、大和田、稲荷木、前野四カ村の塩浜、荒浜のため塩浜永免除となる。

●一二月一四日、赤穂浪士討ち入り。

一六年 **一七〇三**

◇**一一月二三日夜、大地震あり、地形ゆりくだけ、大津波、塩浜海面塩除堤崩れ、荒浜となる。被害甚大。**元禄大地震。

宝永 元年 **一七〇四**

◇**七月七日、江戸川大洪水、村内水丈三尺、江戸川より塩浜一円に水が押し寄せ、塩浜囲堤大破。**おびただしく荒浜でき、塩浜お役永六分通りご容赦、塩納ご赦免、塩浜自普請金一町歩につき二両ずつ仰せつけあり。新井、欠真間、湊新田、湊、押切、伊勢宿、関ケ島、本行徳、下妙典、上妙典、田尻、高谷の一二カ村で三四七両の自普請金を借用。

◇**浅間山大噴火。**

二年 **一七〇五**

◇**五月中より盆前まで、長雨にて塩浜稼ぎできず、**願い上げ塩納三分の二ご容赦。

三年　一七〇六　◘**一〇月四日、暴風、大津波。**

四年　一七〇七　◘**九月一五日、一〇月四日、暴風、大津波。**

◘**一一月二〇日より富士山大噴火、宝永山できる。江戸に降灰一、二寸。二三日昼から二六日まで焼砂降り止まず。**

五年　一七〇八　◈**塩浜の復興を願い、本行徳に馬頭観音像が建つ。**教信寺境内。

●元禄一六年の大地震、宝永元年の大津波のため、潰れ百姓できる。願い上げ塩浜永、荒浜につき半納引きとなる。金四一〇〇両余で塩浜囲堤、潮引き江川と井戸溝浚いご入用ご普請。

六年　一七〇九　◘**原木、二俣両村、塩浜囲堤大破。**人足一人につき扶持米一升ずつ、人足、名代、普請用の竹代共に金三〇両のご入用ご普請あり。

●一月、幕府、新井白石を登用し、生類憐みの令を廃止。

七年　一七一〇　◘**湊村、塩浜囲堤大破。**人足はご扶持一人につき米一升ずつ、唐竹、直竹代共に金三六両のご入用ご普請あり。江戸の塩相場、一石につき銀三八・三文。

宝永年間　●**新井寺慈潭和尚、貝殻へ法華経書写し火定する**（「御経塚由来記」）。

正徳　元年　一七一一　◘**欠真間、湊、湊新田、本行徳の四カ村、塩浜囲堤大破。**人足一人につきご扶持米七升ずつ下される。金高一三〇両余のご入用ご普請。

五年　一七一五　◘**原木、二俣両村、塩浜ご普請所大破。**諸色人足賃金共金高六〇両余のご入用ご普請。人足一人につき賃銭一匁八分。

代官小宮山杢之進活躍す

享保 元年 一七一六

● 享保～元文にかけて江戸横山町升屋作兵衛（加藤氏）、加藤新田の開発を始める。

● この年、本行徳村より行徳新田（現、本塩）を分ける。

● 八月、徳川吉宗将軍となる。

二年 一七一七

◇ **八月一六日、大嵐高波にて塩浜囲堤悉く大破。**金高九七〇両余のご普請。

三年 一七一八

◆ 二月、妙典、田尻、高谷、河原の四カ村、塩浜が真水押しになるので、稲荷木、大和田、川原の三カ村の萱野畑に新田（水田）を開発させぬよう代官に訴える。

● 前年の災害に対するご普請、二俣、原木、高谷、田尻、上妙典、下妙典、本行徳、関ケ島、伊勢宿、押切、湊、湊新田、欠真間、新井の一四カ村にて、金高九七〇両余のご普請。人足は金一両につき四〇人替、一人につき鐚八四文ずつ。

五年 一七二〇

◇ **この年、原木・二俣両村のご普請所大破。**金高一六〇両のご普請。

六年　一七二一
◆代官小宮山杢之進《もくのしん》のお支配初年。**五月中より盆前まで塩浜不稼ぎ、暴風、江戸川洪水、大津波。**永荒引半納引きとなる。杢之進が築いた堤を小宮山堤あるいは小宮山土手と称した。

七年　一七二二
◆春、徳川吉宗、行徳領の塩浜ご普請金として金一〇〇〇両余を下賜。
◇**八月二七日、嵐、高波にて塩浜囲堤大破。**内堤、外堤に金高二一〇〇両余のご入用、金一両につき人足三八人替、一人鐚八〇文ずつ、芝付け人足賃金一匁五分、葭《よし》植え人足一人につき米五合扶持。杭木、葉唐竹、直竹、粗朶、葉笹などの諸色入札値段で下される。内堤には芝を植え、外堤には葭を植え、波除けに百足杭《むかでくい》を目論み、至極丈夫になり年数相保ち候。

八年　一七二三
●前年のご普請所、葉笹垣を詰め直す、一人米五合当て、原木、二俣両村だけ修復。葉笹垣詰め直し村々は欠真間、湊、湊新田、高谷、原木、二俣の六カ村。

九年　一七二四
◆幕府、江戸市中に七六軒、行徳領では四七軒の地廻塩問屋を公認。
●願い上げたご普請所堤並びに葉笹垣詰め等ご修復、諸色ご入用、人足一人につき米八合ずつ、欠真間、新井、湊、湊新田、本行徳、高谷、原木、二俣の八カ村。

一〇年　一七二五
●垣下直にてお買上、塩六桶入八三四二俵は桶代金四六五両二分、鐚六七〇文。

一一年　一七二六
◆三月二七日、代官小宮山杢之進、行徳領塩浜増築計画を吉宗に上申、塩浜

堤が幕府の定式ご普請となる。吉宗、村々に朱印状を与える。

●この年、塩浜囲堤に植えられた葭萱が御立野となる。

一三年　一七二八

◇**江戸川大洪水、塩浜一面に水押し開く、その上大嵐、高波にて塩浜悉く荒浜となる。**願い上げ、お役永六分通り納引き、夫食拝借。

一四年　一七二九

●塩浜いたって不景気、塩浜六、七分通りもご新田に願い上げ、お役永を三分通り納引き。

一五年　一七三〇

●四～六月、享保一三年の江戸川大洪水と高波で大破した塩浜囲堤をご修復、塩浜井戸溝潮引き江川浚普請、諸色お買上げ、人足一人につき賃銭八分と鐚六四文ずつ。

◇**八月晦日、大嵐、高波にて塩浜諸道具流失、塩舟、竈屋《かまどや》が吹き潰れ、**塩焼き百姓難儀。お役永三分通り納引き、夫食拝借、荒浜半納、起返り等のある村々はご吟味の上明細書を渡す。

◆この年、高谷村に大鯨二本あがる。江戸、近在より見物群集し茶屋見世物小屋を構え祭りの如し、奇しき事なり（『葛飾誌略』）。

一六年　一七三一

◇**八月二七日、大嵐、高波、前年より海面で二、三尺も高波ゆえ、塩浜諸道具流失、家居塩舟竈屋吹潰し、**塩焼き百姓退転すべく願い上げたところ、お役永一六カ村にて永二〇〇貫文ご用捨引き、夫食拝借。

一七年 **一七三二**

● 前年の塩浜ご普請所大破に対し、人足賃金三〇両余のご普請、欠真間、新井、湊、湊新田、高谷、原木、二俣の七カ村。ただし、人足賃金ばかりで諸色代ご入用なし。

一九年 **一七三四**

◇ **五月中より盆前まで、長雨降り続き塩浜不稼ぎ、**願い上げて、お役永三分の一通り納引き。上妙典村に検地が実施される。

◈ 七月、**支配所牧場の普請で配下が不正をしたために、小宮山杢之進は失脚、解任される。**宝暦九年（一七五九）八月五日隠居、安永二年（一七三三）没。

享保年間

● 金海法印建立の行徳山金剛院廃寺となる。

◈ **元禄以後この頃までに古積塩が開発される。**

元文 三年 **一七三八**

◇ **五月中より長雨、江戸川満水にて塩浜に障りあり、その上、土用中雨降り続き不稼ぎ、**願い上げ、四分の一塩納ご免除。

寛保 元年 **一七四一**

◇ **暴風雨と大津波、押切村にて先年取立てた新塩浜堤大破、**人足、諸色共金高三二両のご入用ご普請、人足一人につき賃金一匁五分ずつ。

二年 **一七四二**

● 前年の押切村の塩浜堤大破に対して願い上げたところ、金高一八両余のご入用ご普請。

◇ **八月一日、大風雨、高波にて関東大洪水、居村にて水丈五～六尺、塩浜一面に水押し開く、欠真間村地内潮除堤字枡形で大切所できる。外の村々にも切所できる。**

三年　一七四三　●この年、江戸神田の儀兵衛、儀兵衛新田を開く。
●前年の大洪水に対して人足一人につきご扶持米七合五勺、塩浜付き一四カ村々にご普請。塩納残らずご赦免の上、永高三分の二ご用捨引き。

延享　元年　一七四四　◘暴風、津波。この年、年貢永三二一貫二九〇文七分。

二年　一七四五　◘暴風、津波、船橋で漁夫二八人溺死。

三年　一七四六　◘欠真間、湊、押切三カ村の塩浜囲堤ご普請所大破、九、一〇月までにご普請。

寛延　元年　一七四八　◘春中より長雨打ち続く、その上、八月一三日大風雨、高波にて塩焼き難儀、四分の一塩ご赦免。

二年　一七四九　◈青山某「葛飾記」二巻を著す。
◘八月一三日、大風雨、江戸川洪水、高波、塩浜不振、塩納赦免。

三年　一七五〇　●塩浜囲堤ご普請、江川浚い。

「塩浜由来書」「塩浜由緒書」できる

宝暦　二年　一七五二　◈下妙典村中、「下妙典龍王宮」を祀る。

六年　一七五六　◈一〇月、本行徳名主平蔵、「塩浜由来書」を提出。

一一年　一七六一　◘八月、風雨、津波。

明和 二年	一七六五	◘ 九月一六日、暴風、津波。
三年	一七六六	◘ 七月六日、暴風雨、関東大洪水、大津波。
四年	一七六七	● 七月、田沼意次、側用人となる。
六年	一七六九	◘ 二月一六日、本行徳村に大火発生、罹災家屋三〇〇軒余。四丁目火事。
		◈ 八月、元代官小宮山杢之進の名で「塩浜由緒書」作成される。
安永 元年	一七七二	◘ 六月下旬、風雨、江戸川洪水、津波。
二年	一七七三	● 元行徳塩浜代官小宮山杢之進没。
三年	一七七四	● 上妙典村中、「上妙典龍宮様」を祀る。
		◘ 風雨、津波。
四年	一七七五	● 河原の渡し許可（東葛飾郡誌）。河原村より篠崎村伊勢屋まで。
		◘ 風雨、津波。
六年	一七七七	◘ 風雨、津波。
安永年間		● 奉行桑原伊豫守、浦出入り一件の際、吉宗の朱印状を召し上げる。
		● 一七七二〜一七八〇年、幕府、行徳領の塩浜堤の定式ご普請の指定を解く。
天明 二年	一七八二	◈ 上道（本塩）に「南無八大龍王」が祀られる。
三年	一七八三	◘ 七月六、七日、浅間山噴火。昼夜砂降り三日、畑方年貢永減免、塩浜不稼ぎ。利根川大洪水。全国で天明の大飢饉始まる。

四年　一七八四
◇九月一〇日頃、水血色、溺死の人馬夥しく江戸川に流れ来る。
六年　一七八六
●本行徳村塩焼百姓、お貸付金一五〇両を拝借。
◇七月一二～一七日、古来稀なる大水、大津波起こる。開府以来最大。
七年　一七八七
◇一月六日、大風雨、高波のため塩浜ご普請所破損、ご入用ご普請。
八年　一七八八
◇六月四日、大嵐、高波にて田畑、囲堤およそ七〇〇間余打崩れ、大切所二カ所できる。
◇一二月一四日、大嵐、高波にて右の場所残らず打崩れ、塩浜、田畑共汐入りとなる。

幕府、御手浜を開発す

寛政　元年　一七八九
◇二月一七日、大嵐、高波にて堤、諸道具等まで残らず流失、ご入用ご普請を願い上げる。
三年　一七九一
◇八月六日、大津波、塩浜大破、土船、竈屋、民家押し流され、原木村三〇〇人余流死、一村退転同様。夫食並びに農具代拝借。
◈幕府、勘定役早川富三郎に下知して欠真間地先海面干潟の塩田開発を命ずる。御手浜と称して一之浜から七之浜まで開発。

	四年	一七九二	●前年の被害に対してご普請あり。
	八年	一七九六	●欠真間、新井両村の塩垂百姓、御手浜に「一之浜竜王宮」を祀る。
			◘**夏中、江戸川出水、河原村の川除堤が決壊、**押切村、上妙典村、下妙典村の塩浜に泥押し寄せる。塩浜永七分通りお引き方、三分通り上納を願い出る。
	九年	一七九七	◈**冬、芭蕉の百回忌記念に行徳の俳人戸田麦丈らが句碑を建立。潮塚と呼ばれる。**法善寺にある。
寛政	末年		●葛飾北斎「ぎょうとくしほはまよりのぼと（登戸）のひかたをのぞむ」絵を製作。
享和	元年	一八〇一	●一月、十返舎一九、行徳、船橋を経て香取、鹿島、日光を旅行（翌年、「南総紀行旅眼石」を刊行）。
			●四月一九日、二〇日、伊能忠敬、幕命により行徳領塩浜の村々を測量。
	二年	一八〇二	◘**七月、江戸川大出水、高波のため塩浜大破。**
			●一二月、下妙典村年寄り四郎左衛門、田四反五畝を抵当に関東郡代貸付方より金四両一分を借用。
	三年	一八〇三	◘**高波のため塩浜大破。**

新河岸に常夜灯建立す

文化 元年 一八〇四
● 享和二～三年の被害につきご普請あり。

四年 一八〇七
◆ **幕府勘定奉行中川瀬平、新井村から二俣村までの塩浜に囲堤六八七四間を築く。**

五年 一八〇八
◘ **大風雨のため塩浜囲堤悉く大破。**
● 四月、間宮林蔵ら、樺太を探検。

六年 一八〇九
● 前年大破した塩浜囲堤のご入用ご普請あり。
● 春、幕府は当代島、新井、欠真間、下妙典村に二六町八反二畝の新塩浜開発を命ずる。

七年 一八一〇
◆ **「葛飾誌略」刊行される。**馬光著と伝えられるが著者不明。

九年 一八一二
◆ **江戸日本橋講中、本行徳村新河岸に成田山常夜灯を建立。**笠石渡およそ五尺、火袋およそ二尺、総高一丈五尺の大灯籠。
● 幕府は塩浜巨細調査のうえ、塩浜役永引方助成実施。塩焼百姓それにより自普請、残金三〇〇両余をお金貸付役所へ積み立てる。

一〇年 一八一三
◆ **新井村名主鈴木清兵衛（行徳金堤）、「勝鹿図志手繰舟」**刊行。この頃、小林一茶たびたび金堤宅に止宿し高谷から木更津へ行く。

一〇年　一八一三　●六月、行徳領塩浜付一九カ村、塩浜囲堤海辺通りに石垣ご普請を命じられる。ただし、本行徳村へ五五〇間築造して頓挫。

一一年　一八一四　●釈敬順「十方庵遊歴雑記」を刊行。

一二年　一八一五　◈**行徳領の塩生産額三万六八二〇石余、反別一八四町五反〇畝一五歩。**

◈「**行徳志**」**刊行、著者不明。**

文政　四年　一八二一　●三島政行「葛西志」を著す。

●塩焼百姓のお金貸付役所への積金三〇〇〇両余。

五年　一八二二　◇**一〇月七日、暴風雨、津波。**

六年　一八二三　◇**九月二一日、暴風雨、津波。**

七年　一八二四　◇**八月、関東、奥羽に大洪水。**

八年　一八二五　●渡辺崋山、下総、常陸両国を旅行し、「四州真景図巻」を制作。

●二月、幕府、異国船打ち払い令を発する。

一〇年　一八二七　●十返舎一九「房総道中記」を著す。

一一年　一八二八　◇**たびたびの江戸川大出水あり。**お金貸付役所積金の利息で塩浜一〇〇町歩余を開発。

一二年　一八二九　●四月、前年の大出水に対して行徳領六カ村村役人総代上妙典村名主紋右衛門、役所に貯穀の供出を願い出る。

天保の飢饉

天保四年 一八三三

● 一一月、西海神、二俣、高谷、田尻、上妙典、下妙典、本行徳、湊、湊新田、欠真間、新井、原木の塩浜付き一二カ村、凶年につき塩浜年貢の九分通りの免除願い。

● 九月、江戸で米買い占めに反対して打ち壊し始まる。

七年 一八三六

◈「江戸名所図会」全七巻二〇冊刊行される。編者斎藤月岑ほか。

◇ **二月より雨が降り続き塩浜稼ぎ皆無。**

◇ **七月一八日、稀なる大津波、塩浜囲堤、新田堤共に大破。**新田、本田共潮冠《かぶ》り、塩浜場面泥砂押し流し、土船、釜屋、民家吹き潰れる。

● 八月、塩浜年貢、苦塩運上の引方願いおよび夫食拝借願い。**天保の飢饉。**
天保年間より堤防修繕費用負担幕府七、村民三。

八年 一八三七

● 二月、大塩平八郎の乱起こる。

一三年 一八四二

●「南総里見八犬伝」完成。著者滝沢馬琴。

● 天保末年、深川元儁「房総三州漫録」を著す。

弘化二年 一八四五

◇ **三月一五日、一六日、四月四日、大風にて塩浜囲堤大破。**

◇ **七月二七、二八日、大風雨にて塩浜囲堤、欠所、洗い切り。**

弘化 二年 一八四五
● 八月、新開浜お取立並びに稼浜囲堤その外急速ご普請を願い出る。

三年 一八四六
● 二月、下肥河岸値段再議定。
● 閏五月、アメリカ東インド艦隊司令長官ビッドル、浦賀に来航。

嘉永 二年 一八四九
● 五月、行徳領塩浜付村々一六カ村（新井、湊新田、湊、押切、伊勢宿、関ケ島、儀兵衛新田、加藤新田、本行徳、下妙典、上妙典、田尻、高谷、原木、二俣、西海神）より、欠真間村が棒手売取締議定に調印しないことについて訴訟。

四年 一八五一
● 三月二九日、上妙典、下妙典両名主、年寄らより、塩稼ぎ困難につき、金一五〇両を一五年賦返済で借用したい旨、役所に願い出る。

六年 一八五三
● 三月一四日、本行徳村年寄より、行徳領各村に対し、塩浜でき塩、諸掛り、売値など巨細取調べ、一六日までに書付を差出すよう通知。
● 三月、関東取締出役より、子供たちが往還に泥縄を張り、往来の者に迷惑をかけ、銭をねだり、それを元手に賭をすることなどを禁ずる旨通知。
● 六月三日、アメリカ東インド艦隊司令長官ペリー、遣日国使として軍艦四隻を率いて浦賀に来航。

安政の大地震起こる

安政 元年	一八五四	●二月四日、代官所より、異国船見物のため船を出し近寄るなどのことを禁ずる旨の触を通達。 ●二月七日、佐原飛脚問屋吉田氏、本行徳三丁目に馬頭観音像を建立。
二年	一八五五	◘**一〇月二日、安政の大地震、地震と津波で塩浜囲堤切れ大被害。**
三年	一八五六	●二月、代官所より、海岸防御のため寺院の梵鐘をつぶし大砲、小銃を作るにつき、梵鐘調査の触れを通達。 ●三月一日、代官所より、行徳領村々に対し、年貢正塩の俵拵えなど不十分につき叱責の通達。 ◘**五月二五日、夜、南大風、大津波にて塩浜囲堤切れ大被害。**年貢免除を願い出る。 ◘**八月二五日、南大風、大津波、塩浜全部洪浪に流され、堤防破壊、塩田荒廃す。**床上浸水、流失家屋多数。金一〇〇両を下り塩問屋から借用。 ●成田山新勝寺「成田参詣記」五巻を刊行。 ●仮名垣魯文「成田道中記」を刊行。
四年	一八五七	●ご城内御舂屋ご上納不足として浦賀港にて大量の下り塩を行徳へ積み送る。安政四〜八年の五カ年間。実情は古積塩への転用。
五年	一八五八	●八月二七日、代官所より、コレラ予防、治療についての触れを通達。

万延 六年 一八五九

◇七月二五日、暴風雨、江戸川洪水、津波。

●堤防修復負担、幕府六、村民四。

万延 元年 一八六〇

●三月、桜田門外の変。水戸・薩摩浪士、大老井伊直弼を殺す。

●二月九日、関東取締出役より、江戸川筋渡船場取締その他作場通いの船に浪人や無宿者を乗せないよう通達。

文久 元年 一八六一

●二月、関東取締出役より、浪人または無宿者らが村々に立回った際には捕らえ、手に余る場合は殺してもよい、場合によっては鉄砲を用いてもよい、との触れを通達。

三年 一八六三

●三月、近藤勇らの浪士、京都で新撰組と称す。

慶応 元年 一八六五

●五月、代官所より、長州征伐のため、かねて仰せ出された兵賦（一〇〇〇石につき一名、一七歳以上四五歳以下）を早急に出すよう通達。

●五月、本行徳村より、兵賦人足雇上人四名の名を各村へ通知。

◇八月六日、暴風雨、津波。

二年 一八六六

●七月二〇日、代官所より、「近頃米価格別高騰し、小民共の難儀が容易でないので、窮民に対し施米や救貸をする者の数を届けるよう」通達。

●九月二八日、代官所より、行徳領村々に対し、年貢米を早納めするよう通達があったが、行徳領村々は、晩稲が多く、いかに努力しても早納めができないので、回米のうち三分通りは来月中旬の津出しにしてもらいたい旨、村々より代官所に請願。

●一二月、欠真間村名主と江戸新肴町地塩問屋が、江戸本所石原町重兵衛ら四名を相手取り、苦塩抜売抜買訴訟を奉行所に起こす。

三年　一八六七

●一〇月一四日、徳川慶喜、大政奉還を請う（翌日許可）。

●一二月九日、朝廷、王政復古を宣言。

市川・船橋戦争起こる

明治　元年　一八六八

●四月一一日、倒幕軍江戸城へ入城。

●同日、旧歩兵奉行大鳥圭介ら、一六〇〇名を率いて、下総市川へ奔る。

◆**閏四月三日、市川・船橋戦争、新政府軍と旧幕府脱走兵、八幡、市川、真間、船橋方面で激突、新政府軍勝利。**

●閏四月六日、武総取締、今般本行徳村に官軍が止宿するので兵糧、人馬、船などを差出すよう通達（湊新田に陣屋を構えた）。

●九月八日、慶応を明治と改元。

●この年、行徳領塩浜村々「塩浜仕法書」を作成。

四年　一八七一

◆五月一〇日、新貨条例公布、金本位制となる。両を改め円、銭、厘。

◇七月一九日、風雨、海嘯《かいしょう》（津波のこと）あり。

◇八月二六日、大風雨、明治初年より毎年大災害続く。

●一二月九日、印旛県庁を葛飾郡本行徳村徳願寺に仮設。

●川蒸気飛脚便利根川丸就航。万年橋—江戸川—中田（埼玉県）を隔日運行。

五年　一八七二

●二月八日、江戸川以西の足立郡下四一〇カ村、葛飾郡下七二カ村、東京府の所轄となる。

●七月一日、行徳村に郵便取扱所を設置。

行徳各村に小学校設置

六年　一八七三

◆二月一六日、行徳小学校、徳願寺に仮設される。

●三月一五日、行徳小学校欠真間分校を源心寺に仮設、一〇月に拡智小学校として独立、明治七年一〇月、欠真間小学校と改称。

●六月七日、印旛、木更津県を廃し、千葉県となる。

●一二月、本行徳までの道標が今井の渡し場に建てられる。

●一二月一七日、湊小学校を湊村法伝寺を仮教場として開校、生徒数、男三

六、女一六、合計五二。

七年　一八七四

● 一月一七日、本行徳駅、松戸駅、木更津村の三カ所に取締所を設置。

● 七月二五日、新井小学校を新井村延命寺に設置。

八年　一八七五

● 一月、行徳郵便取扱所が行徳郵便局と改称され、三等局となる。

● 二月、新井、当代島、猫実、堀江までの道標が今井の渡し場に建てられる。

● 一二月四日、湊の渡し（南行徳村湊と瑞穂村前野間）、槙屋（新屋）の渡し（南行徳村欠真間と瑞穂村当代島間）の営業許可下りる。

● この年、河原小学校設立。

九年　一八七六

● 行徳に近傍各町村と組合を作り、民費で巡査を置く。明治一一年、千葉警察署の分署を本行徳三丁目に置く。同三七年、巡査部長派出所となる。のちに本行徳巡査派出所とされ、河原、原木にも巡査派出所を置く。

一〇年　一八七七

◇ **三月一四日、朝から大風雨。九月一七日、洪水、利根一三尺。**

◆ **外輪蒸気船「通運丸」江戸川筋に就航。**

一一年　一八七八

● 六月、湊、欠真間、新井小学校が合併して欠真間小学校となる。湊、新井両校は付属となる。

一二年　一八七九

● 一月六日、三太の渡し（行徳町本行徳と篠崎村間）の営業許可下りる。

● 一二月、新井村の開墾二町三反五畝六歩。

一二年 一八七九 ◈この年、行徳船廃止される。寛永九年から二四七年間活躍。

一四年 一八八一 ◈三月、香取の大火で源心寺の欠真間小学校が焼失、相之川の小川市兵衛家の塩蔵で授業をする（塩蔵学校）。

◈四月三日、行徳町に三〇〇余戸焼失の大火。

一五年 一八八二 ◇一〇月、江戸川洪水、水丈一二・五尺。

●一二月、押切村の開墾三町七反八歩、湊村の開墾一町四反七畝。

一七年 一八八四 ●この年、湊新田村の開墾三町四反四畝二三歩。

◇八月二〇日、関東に大地震、九月一五日、暴風雨、洪水、利根一五尺。

一八年 一八八五 ●この年から堤防修繕費用のうち三～七分は千葉県庁より補助。台風。

一九年 一八八六 ●この年の行徳の戸長役場所在地、欠真間、本行徳、河原。

二一年 一八八八 ●行徳地域の戸長、田中忠右衛門（欠真間村ほか四カ村）、田中栄次郎（本行徳村ほか四カ村）、川合七左衛門（河原村ほか四カ村）。

二二年 一八八九 ◈二月八日、総武鉄道（株）創立、四月一九日、本所・八街間の仮免状下付、一二月二六日、小岩・佐倉間の建設工事・運営の許可下りる。この間、本行徳通過の鉄道路線計画に地元有力者の協力を得られず小岩・市川を迂回。

●三月、欠真間尋常小学校を陽徳尋常小学校、湊小学校を明徳尋常小学校と改称。

二三年 一八九〇
● 五月、南行徳村長に川合七左衛門、行徳町長に加藤総右衛門が就任。
◘ 九月一一日、暴風雨、江戸川氾濫、洪水、利根一三尺。

二四年 一八九一
● 四月、行徳高等小学校開校。
◘ 八月、台風、江戸川洪水、利根一五尺。
◘ 九月三〇日、大風雨、家屋の全壊、船舶の流失あり。

二五年 一八九二
◘ 四月二日、暴風雨、明治九年以来最大、出水多し。
◘ 八月二四日、江戸川洪水、利根一三尺。

二六年 一八九三
◆ 新浜に御猟場が設けられる。

二七年 一八九四
● 七月一〇日、総武鉄道、市川—佐倉間、一二月九日、市川—本所間開通。
● 八月一日、日清戦争起こる。行徳町四三名出征。
◘ 八月、江戸川洪水、利根一七尺。
◆ 蒸気船通運丸、浦安に初めて寄港。

二八年 一八九五
● 二月二四日、南行徳村の中村太次郎、清国盛京省松樹山で戦死。新井熊野神社境内の日露戦争記念碑に日清戦争出征者の氏名あり。
◘ 江戸川大洪水、利根一七尺。

二九年 一八九六
● この年から堤防修繕費用の全部を千葉県庁が補助。
◘ 七月二二日、江戸川洪水、関宿一六尺、松戸一三尺、本行徳不明。

三〇年 一八九七
●この年、行徳町、南行徳村、浦安村で小作米減額要求事件起こる。
◘**九月九日、津波、江戸川洪水、江戸川八尺（『東葛飾郡誌』）。**

三二年 一八九九
●この年、南行徳村に初めて巡査駐在所が置かれる（巡査定員一名）。江戸川水上取締のため、欠真間に南行徳村水上派出所を置く。

三三年 一九〇〇
◘**一〇月五日、大雨、大浸水あり。**
◘**四月二二日、江戸川洪水、利根一一尺。**

三四年 一九〇一
◘**八月、江戸川洪水、利根一一尺。**
●一〇月四日、騎兵第一〇連隊付属分隊（国府台に駐屯中）、南行徳村新井地先海岸で水馬訓練実施。

三五年 一九〇二
●九月、行徳町漁業組合設立。**二九日、江戸川洪水、利根一三尺。**
●四月、本行徳村に塩専売局出張所設置。

三六年 一九〇三
●五月一日、新井尋常小学校を陽徳尋常小学校に合併。
●七月、南行徳漁業組合設立（組合員二〇〇余、組合長近藤喜八）。

三七年 一九〇四
●二月一〇日、日露戦争起こる。市川からの従軍四〇一名、戦病死者四一名、そのうち、南行徳村七名、行徳町九名。新井熊野神社、妙典八幡神社、関ケ島胡録神社、香取源心寺境内に記念碑がある。
●四月五日、総武鉄道、亀戸―両国間開業。

◇**七月一〇日、江戸川洪水、利根一二尺。**

塩専売法公布される

三八年　一九〇五

●一月一日、**塩専売法公布、製塩は許可制、塩の所有、売買の禁止。**

●一月一六日、初代の市川橋（江戸川橋）竣工、長さ一〇〇間、幅一二尺の木橋。

●九月、行徳町に千葉県塩売捌会社設立される。

三九年　一九〇六

◇**七月二六日、利根川、江戸川大洪水。**

◇**八月二四日、大暴風雨、家屋浸水多数。**

四〇年　一九〇七

◇**八月二四日、関東地方に大暴風雨、江戸川洪水、利根一六尺。**

●一〇月、東葛人車鉄道（株）創立。路線は、河原―中山―鎌ケ谷間。明治四二年九月二八日、貨物営業開始、大正七年三月営業廃止。

四二年　一九〇九

●六月三〇日、京成電気軌道（株）発足。

●この年、浦安・船橋両漁業組合から漁区七万坪を借受けて、南行徳、行徳両漁業組合がノリ養殖場を経営。南行徳は三万坪。

四三年　一九一〇

●四月、南行徳村消防組、行徳町消防組いろはに四組設立。

◇**八月八日、利根川、江戸川、明治年間最大の洪水に襲われる。**

四四年　一九一一

◆前年の洪水のため利根川改修計画できる。江戸川の川幅の拡幅、江戸川放水路の開削、行徳町その他九カ村の耕地整理の実施。利根全域の改修計画は昭和五年（一九三〇）に終了。

◇七月二六日、台風、津波。

大正六年の大津波

大正　元年　一九一二

●一〇月、下江戸川橋（今井橋の前身）架設。木橋。

●一一月八日、浦安町・南行徳村組合立伝染病舎設立。現浦安・市川市民病院の前身。

●この年の塩製造人、行徳町四五、南行徳村一、製造高四〇三万四七五斤、行徳町塩田九六町四反、南行徳村塩田五六町。

●京成電気軌道、押上―江戸川間開通。

三年　一九一四

●一月一〇日、行徳町教育会創立。

◇**八月、利根川、江戸川氾濫。南行徳村堤防亀裂二カ所八間。**

●八月二一日、京成電気軌道、江戸川―市川新田間開通。

四年　一九一五

●九月二〇日、行徳町青年団創立。

五年　一九一六

●この年、行徳・船橋地方のコレラ患者一四五（死亡者一〇六）、南行徳村戸数六五二、人口四一三七、行徳町戸数一三七二、人口七三三六、市川町戸数一〇七〇、人口五二三二。

◈**江戸川放水路の開削工事開始、大正八年竣工。大正九年床固工事終了（固定式の行徳堰）。**

六年　一九一七

●この頃、行徳、南行徳、浦安に電気が引かれる。

●一〇月一日未明、台風による大津波起こる。浦安町、南行徳村、行徳町の被害、死者六三、行方不明三、重軽傷者三五、流失家屋三二九。行徳塩田壊滅。

九年　一九二〇

●四月、南行徳村の陽徳・明徳両尋常小学校、統合されて南行徳尋常小学校となる。

一〇年　一九二一

◇**五月八日、江戸川洪水。関宿町堤防欠壊。行徳は豪雨の被害あり。**

●初代の行徳橋が完成。木橋。大正一一年三月一一日、祝賀式。

●葛飾乗合自動車（株）、浦安―八幡間九・五kmのバス運行を開始。アメリカ製ほろ型外車二台。昭和一七年二月一日から京成バスとなる。

●七月二二日、南行徳尋常高等小学校、欠真間一丁目六番の現在地に移転。

一二年　一九二三

◇**九月一日午前一一時五八分、関東大地震起こる。**

●「東葛飾郡誌」刊行。

一三年 一九二四 ● 四月、南行徳尋常高等小学校付属幼稚園開設。

一五年 一九二六 ● 南行徳村に東京再製塩（株）設立。

● この年の行徳町産米総俵数一万二〇八〇俵。

塩作りが禁止される

昭和 三年 一九二八 ● 昭和三、四年、山本周五郎、浦安に下宿し行徳を訪れる。

● 一〇月一日、行徳町戸数一六五九、人口七八〇六（男三九六三、女三八四三）

四年 一九二九 ◆ **九月三〇日、第二回塩業地整理により製塩の禁止、田畑への転換。**行徳町塩田は製造者五名、製塩場所五カ所、結晶釜五個、塩浜反別（採塩地面積）一三町五反だった。

六年 一九三一 ● 一二月、米穀検査俵数、市川町四二〇、南行徳村四六七二、中山町一四三三、八幡町一一一四、国分村一九九〇、大柏村一九二六、行徳町一万四〇四一。

七年 一九三二 ● 五月一五日、犬養首相暗殺される（五・一五事件）。

九年 一九三四 ● 一月一日、東葛飾郡下で田の最高賃貸価格は南行徳村押切の一反三九円。

● 一一月三日、市川町、八幡町、中山町、国分村が合併して市川市誕生。

一〇年 一九三五 ● 一一月二二日、京成乗合自動車（株）バス営業を開始。

一一年　一九三六　●七月、市営火葬場が八幡・行徳境に行徳町との共同で建設。

一二年　一九三七　●四月一日、南行徳村、町制を施行、南行徳町となる。

一五年　一九四〇　●千葉用水路工事着工（河原―浦安）、昭和二三年再開、三一年完成。

●二月二一日、浦安橋架設される。

一六年　一九四一　●一二月八日、日本軍、ハワイ真珠湾を空襲。

一七年　一九四二　●四月一八日、B―25爆撃機一三機、日本本土を初空襲。

●一一月七日、南行徳漁業組合、ノリ養殖の許可を受ける。

一八年　一九四三　●七月一〇日、船橋、浦安、南行徳、行徳各漁業協同組合間において、区画漁業出願および区画漁業権、ノリ養殖の行使に関する協定締結。

●江戸川水閘門《すいこうもん》（篠崎水門）完成。

一九年　一九四四　●一一月二七日、サイパンよりB―29が浦安上空に飛来、直撃弾で三名死亡。

●一二月一五日、空襲により、本行徳塩焼町で軽傷者一名、住宅、倉庫の全半焼六棟の被害を受ける。バクダン池できる。

二〇年　一九四五　●一月二七日、二回にわたる空襲により、行徳、国分新田で死者一名、家屋焼失二棟の被害を受ける。

●六月、市内国民学校の第一回学童疎開を実施。

●八月一五日、玉音放送、第二次大戦終わる。

二〇年 **一九四五**

● 一一月一日、市川市内の全国民学校で学校給食（さつまいも）始まる。

行徳、市川市に合併される

二一年 **一九四六**

● 一〇月二一日、自作農創設特別措置法公布、翌年から、農地改革実施。

二二年 **一九四七**

● 五月三日、日本国新憲法施行。

● 五月一〇日、行徳中学校、南行徳中学校が新制中学として開校。

◇ **九月一四日、カスリン台風により江戸川右岸（東京都江戸川区）堤防決壊。被害甚大。行徳側は無事。**

二三年 **一九四八**

● 四月六日、南行徳町農業協同組合設立、一四日、市川市農業協同組合設立、一九日、行徳町農業協同組合設立。

● 八月六日、浦安町、船橋市、行徳町、南行徳町各漁業会、ノリ養殖柵に関する協定書を締結。

● 一〇月、町立南行徳小学校で学校給食始まる。

● 三月一一日、今井橋派出所開設。

二四年 **一九四九**

● 八月一〇日、南行徳漁業協同組合設立。

◇ **八月三一日、キティ台風襲来、高潮により浦安、南行徳、行徳、船橋に至**

る延長一五kmの海岸堤防および旧江戸川左岸（行徳側）堤防八・四kmが決壊、行徳町、南行徳町では、全町の八割が冠水し、流失家屋二、全半壊一五、床上浸水六〇、床下浸水二七二。被害甚大。

二五年 一九五〇 ●三島由紀夫『遠乗会』を発表、新浜鴨場へ来たことを書く。
●六月二五日、朝鮮戦争始まる。

二六年 一九五一 ●一月、二代目の今井橋架設。
●二月一四日、明治三〇年以来の大雪、四〇〜五〇cm積もる。
●六月、葛南病院開院（現浦安市川市民病院）。
●八月一日、南行徳町、国民健康保険事業を開始。
●九月一日、行徳、南行徳両漁業組合、共同漁業権と区画漁業権取得。

二八年 一九五三 ●二月一日、NHKテレビ、本放送を開始。

三〇年 一九五五 ◆三月三一日、**行徳町、市川市に合併**、行徳支所設置。行徳町消防団一七カ分団団員四一八名市川市消防団に加入。一〇月一日、行徳地区消防団三カ分団一七〇名に減じる。

三一年 一九五六 ●六月一日、行徳橋派出所開設。

三一年 一九五六 ●一〇月一日、**南行徳町、市川市に合併編入**。南行徳町消防団七カ分団団員二七〇名を二カ分団八〇名として市川に統合。市川全体で二三カ分団七〇〇名、消防職員一〇七名。

行徳地先海面埋め立て始まる

三二年 **一九五七**

◆三月、二代目の行徳橋と可動堰竣工（東洋一のローリングダム式）。

●七月一九日、行徳地先海岸、市川港として乙号港湾に指定される。

●一一月一日、市川市、京葉臨海工業地帯開発の一環として、第一次海面埋立事業の免許を受ける。工事着手は昭和三四年。

三三年 **一九五八**

◇**九月二六日、狩野川台風襲来、真間川氾濫。市川、真間、菅野、須和田、鬼高の各町で床上浸水二四五六、床下浸水二五六〇、罹災者総数二万四二六一名。災害救助法発令される。**

三四年 **一九五九**

●一二月二三日、第一次公有水面埋立事業第二工区の建設着手。昭和三七年六月二〇日竣功。

三五年 **一九六〇**

●四月二九日、京葉高速道路開通。

●九月一三日、第一次公有水面埋立事業にかかわり、共同漁業権について南行徳漁業協同組合との間に同意書がかわされる。

●一二月一日、第一次公有水面埋立事業第一工区の建設着工。昭和三八年六月二五日竣功。

三六年　一九六一
● 山本周五郎『青べか物語』を刊行。

三七年　一九六二
● 四月、第七中学校開校、南行徳中学校を統合。翌年九月一四日、新校舎落成、開校する。
● 五月二八日、市川市、カリフォルニア州ガーデナ市との姉妹都市提携議決。
● 伊勢宿地先の内匠堀を道路化する請願採択。

三八年　一九六三
● 四月一六日、市川、行徳、南行徳、大柏の各農業協同組合が合併し、市川市農業協同組合設立。
◆ **市内で精密水準測量実施、平成九年までの三四年間で地盤沈下累積量福栄公園二〇一・五cm。**

三九年　一九六四
● 一月二一日、市川・浦安バイパス建設決定。昭和四七年完成。
● 三月三〇日、市立図書館行徳分館竣功。
● 六月一一日、市川市、第二次公有水面埋立事業の免許を受ける。昭和四二年三月三一日建設完了。
● 浦安町の海面埋め立て始まる。昭和五六年完了。

三九年　一九六四
● 一〇月、東京オリンピック開催。

四〇年　一九六五
● 四月二三日、市川市老人クラブ連合会結成（会員二〇〇〇名）。

四〇年 一九六五

●七月一日、内匠堀の道路改修を行徳橋まで延長する陳情採択。

行徳水郷に区画整理実施

四一年 一九六六

●四月二七日、東浜地先埋立事業許可。昭和四三年三月三一日埋立事業完了。

●八月一二日、南行徳第一土地区画整理組合の設立認可。昭和四八年六月二五日解散。

●八月二二日、南行徳第三土地区画整理組合設立認可。昭和五〇年三月三〇日解散。

四二年 一九六七

●三月七日、浦安、南行徳、行徳、船橋で廃油によるノリ被害発生。

●六月一九日、沖場地先埋立事業認可。昭和四三年三月三一日埋立事業完了。

●九月三〇日、南行徳商業協同組合設立。

四三年 一九六八

●三月二八日、南行徳第二土地区画整理組合設立認可。昭和四九年三月二七日解散。

●六月一二日、行徳土地区画整理組合設立認可。昭和五〇年三月一〇日解散。

●九月一日、南行徳ノリ養殖場、行徳ノリ養殖場県知事許可を受ける。

四四年 一九六九

●三月二九日、東西線の開通に伴い行徳駅開業。

四五年 一九七〇

●三月三一日、京葉港市川地区土地造成事業の免許を千葉県が取得。昭和四八年一二月二四日完了。塩浜一〜四丁目。
●一二月一八日、行徳北部土地区画整理組合設立認可。昭和五〇年一〇月解散。
●三月八日、第一回市川市子ども会育成研究大会開催。
●八月二八日、新浜御猟場とその周辺湿地帯を含む約八三ヘクタールが千葉県により近郊緑地特別保全地区に指定される。

四六年 一九七一

●一〇月二三日、行徳南部土地区画整理組合設立認可。昭和四九年一二月解散。
●一二月一日、行徳中部土地区画整理組合設立認可。昭和五四年九月解散。
●浦安漁民一七〇〇名、漁業権全面放棄。

四七年 一九七二

●六月七日、県道新行徳橋開通。
●七月一日、県と環境庁、行徳地先海面埋め立てにあたり、鳥類保護の覚書をとりかわす。

四八年 一九七三

●二月一五日、行徳小学校創立一〇〇周年記念式典挙行。
●一〇月九日、南行徳小学校創立一〇〇周年記念式典挙行。

区画整理地に学校増設

四九年　一九七四
●四月一日、県立行徳高等学校創立。
●一一月一日、行徳駅前派出所開設。

五〇年　一九七五
●四月、新浜小学校開校。
●京葉港市川第一期埋立完了、塩浜町一〜四丁目。
●「市川市史」全八巻（九冊）が完成。

五一年　一九七六
●一月一日、行徳野鳥観察舎開設。昭和五四年一一月二六日、新館オープン。
●四月、富美浜小学校開校。市川南消防署開設。

五三年　一九七八
●五月、法伝寺境内に「明徳尋常小学校旧跡の碑」が建立される。
●首都高速湾岸線、浦安―新木場間開通。昭和五七年全面開通。
●武蔵野線が開通。
●九月、行徳支所、行徳公民館新設。

五四年　一九七九
●四月、幸小学校開校、福栄中学校、第七中学校から分離開校。

五五年　一九八〇
●四月、新井小学校（校名復活）、南新浜小学校開校。本行徳公民館開設。

五六年　一九八一
●三月、地下鉄東西線、南行徳駅が開業。南行徳駅前派出所開設。

		●四月、塩焼小学校、塩浜小学校開校。
		●一〇月、行徳図書館開館。
五七年	一九八二	●四月、塩浜中学校開校。
五八年	一九八三	●三月、葛南警察署、浦安市美浜に開設。
		●四月、東京ディズニーランド開園。
		●一〇月、南行徳図書館開館。
五九年	一九八四	**◆四月、行徳・浦安観音札所巡り再開される。**
六〇年	一九八五	●四月、南行徳中学校（校名復活）、福栄小学校開校。
六一年	一九八六	●四月、妙典中学校開校。
六三年	一九八八	●一二月、ＪＲ京葉線開通。市川塩浜駅開業。
平成 元年	一九八九	●一月二四日、妙典土地区画整理組合設立。平成一二年一一月二一日解散。
		●五月一三日、幸公民館開館。
		●一〇月一〇日、塩浜市民体育館完成。
		●一一月四日、市川市、インドネシアのメダン市と姉妹都市となる。
二年	一九九〇	●五月一日、南行徳公民館開館。
四年	一九九二	●四月二日、塩美橋開通。
五年	一九九三	●四月、南行徳地区防災コミュニティセンター完成。

六年	一九九四	●内匠堀プロムナード（親水緑道）、南行徳小学校前に完成。
		●五月、福栄スポーツ広場オープン。
七年	一九九五	◆三月、行徳警察署開署。六月、行徳防犯協会発足。
九年	一九九七	●二月二七日、塩焼交番開設。
九年	一九九七	●一一月一七日、南行徳市民センター開館。
一一年	一九九九	●四月一日、妙典小学校開校。
一二年	二〇〇〇	●一月二〇日、東西線妙典駅開業。
一三年	二〇〇一	●四月、江戸川左岸流域第二終末処理場完成。
		●五月、東京ディズニーシー開園。
		◆九月、三番瀬の埋め立て中止を知事が表明。
一四年	二〇〇二	●四月一日、新井保育園、湊新田保育園の分園開園。公設民営保育園。
		●五月二八日、妙典駅前交番オープン

《『市川市史』『市川市史年表』『東葛飾郡誌』『塩浜由来書』その他の関係文書を参照》

行徳、南行徳全域

1　行徳の塩田

徳川三代の行徳塩浜開発投資

昔から上総国五井で塩を焼き、家業にしていたのを、行徳領の者が習い覚えて、遠浅の干潟の砂場で塩焼きをしました。しかし、自分が使うほどの量だけで、渡世にするほどは採れませんでした。それでも年々生産量が増えて、小田原の北条氏へ年貢として塩を納めていました。天正一八年（一五九〇）八月に徳川家康が江戸へ来たときは、稲荷木、大和田、田尻、高谷（以上は今は川向う）、河原、妙典、本行徳の行徳七浜がありました。

家康は慶長元年（一五九六）正月晦日、妙典村の篠田治郎右衛門宗清（元北条氏の家来）に、新塩浜を開発するにあたり、五年間諸役を免除し、以後は生産量の一〇分の一の年貢でよい、とする内容の、代官吉田佐太郎の書付を与えました（「塩浜由来書」参照）。

また、慶長一三年（一六〇八）には、三〇〇〇両を与えて新塩浜の開発を奨励しました。「塩の儀は御軍用第一の事、御領地第一番の宝」とされました（「塩浜由緒書」参照）。

二代将軍秀忠は、元和三年（一六一七）に二〇〇〇両を与えて、江戸川の河口変更工事を実施し、現在の流路に変えました。

三代将軍家光は寛永五年（一六二八）に一〇〇〇両を与えて、本行徳から下流の新塩浜の開発をしました。その結果、寛永六年（一六二九）の塩浜検地では、行徳七浜のほかに下新宿、関ケ島、伊勢宿、押切、湊、前野、欠真間《かけまま》、新井、当代島《とうだいじま》の九カ村が新たに稼ぎ浜となりました。

合計一六カ村の塩年貢は、永（永楽銭のこと。中国の明国の銅銭。慶長一三年（一六〇八）徳川幕府は使用を禁止したが関東では徴税のため、名目的に幕末まで使用された）六〇四貫八六七文とされました。江戸時代を通じて最高の年貢でした。しかし、塩浜の反別（面積）は確定しませんでした。こうして、行徳塩浜は関東以北では最大規模になりました。

元禄一五年（一七〇二）の検地では塩年貢は永五〇七貫四五三文一分で、反別は一九一町七反七畝二四歩（五七万五三三四坪）でした。

以上の数字で換算すると、寛永六年（一六二九）の塩浜反別は六八万五七七八歩（坪）で二二八町五反九畝八歩になります。「下総行徳塩業史」では三七〇町余とされています。

行徳塩浜付きの村々は、明治になるまで、行徳船で毎日江戸城へ直接塩を納めていました。

古積塩と十州塩

江戸時代初期の行徳の塩田は、防潮堤を築いて改良された揚浜式塩田でしたが、元禄頃には入浜式塩田に変わっていました。しかし、単位面積が一、二反（三〇〇～六〇〇坪）と小さく、津波や洪水にたびたび襲われたので、瀬戸内海の塩田に太刀打ちできませんでした。

瀬戸内の十州塩は、文化年間（一八〇四～一八一四）の頃に、全国年産五〇〇万石のうち四五〇万石を生産し、行徳塩はわずか四万石（八万俵）ほどでした。

幸い行徳で発明された古積塩は、目減りのしない再精製塩でした。そのため、利根川流域の内陸部では、逆に十州塩を駆逐する勢いでした。

江戸時代後期には行徳塩だけでは不足となり、下り塩（十州塩）を大量に買い入れて加工するようにもなりました。明治一七年（一八八四）頃には、行徳塩を使った地古積が四万俵、下り塩を加工した直し古積が一六、七万俵にもなりました。

塩田から農耕地への転換

日露戦争の戦費を捻出するための塩専売法が明治三八年（一九〇五）一月一日に公布されたのを機に、塩田経営を断念する塩垂れ百姓が続出しました。

また、大正六年（一九一七）一〇月一日未明には、大津波が行徳を襲いました。そのため、行徳塩田は壊滅的な打撃を受けて立ち直れませんでした。

こうして、昭和四年（一九二九）九月三〇日限りをもって製塩は禁止されました。

江戸初期に、塩田だけで田畑はほとんどなかった行徳も、一〇〇年経った元禄の頃には、塩が採れな

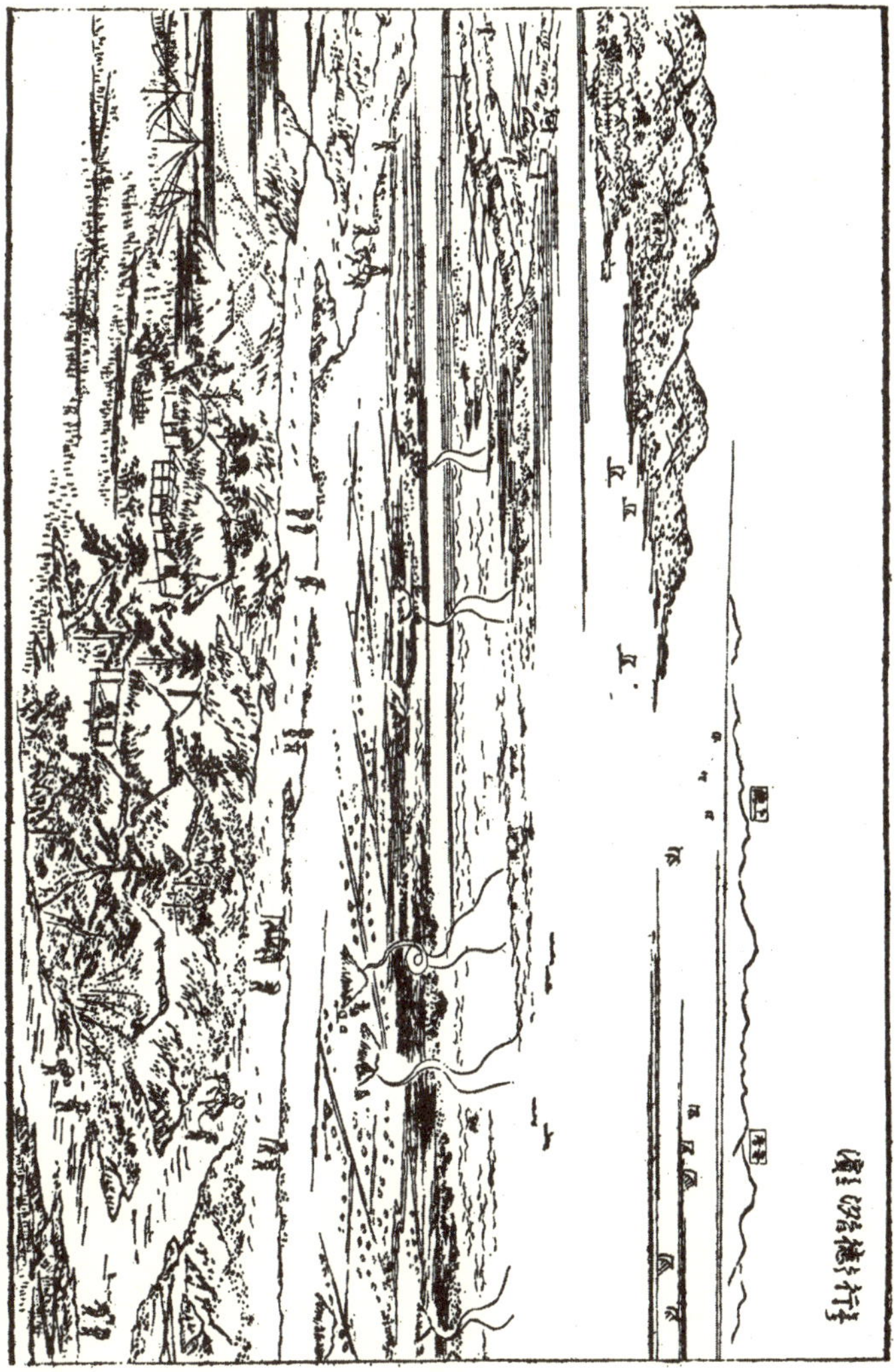

「行徳レポートその(1) ―年表絵地図集―」(市立市川歴史博物館)より

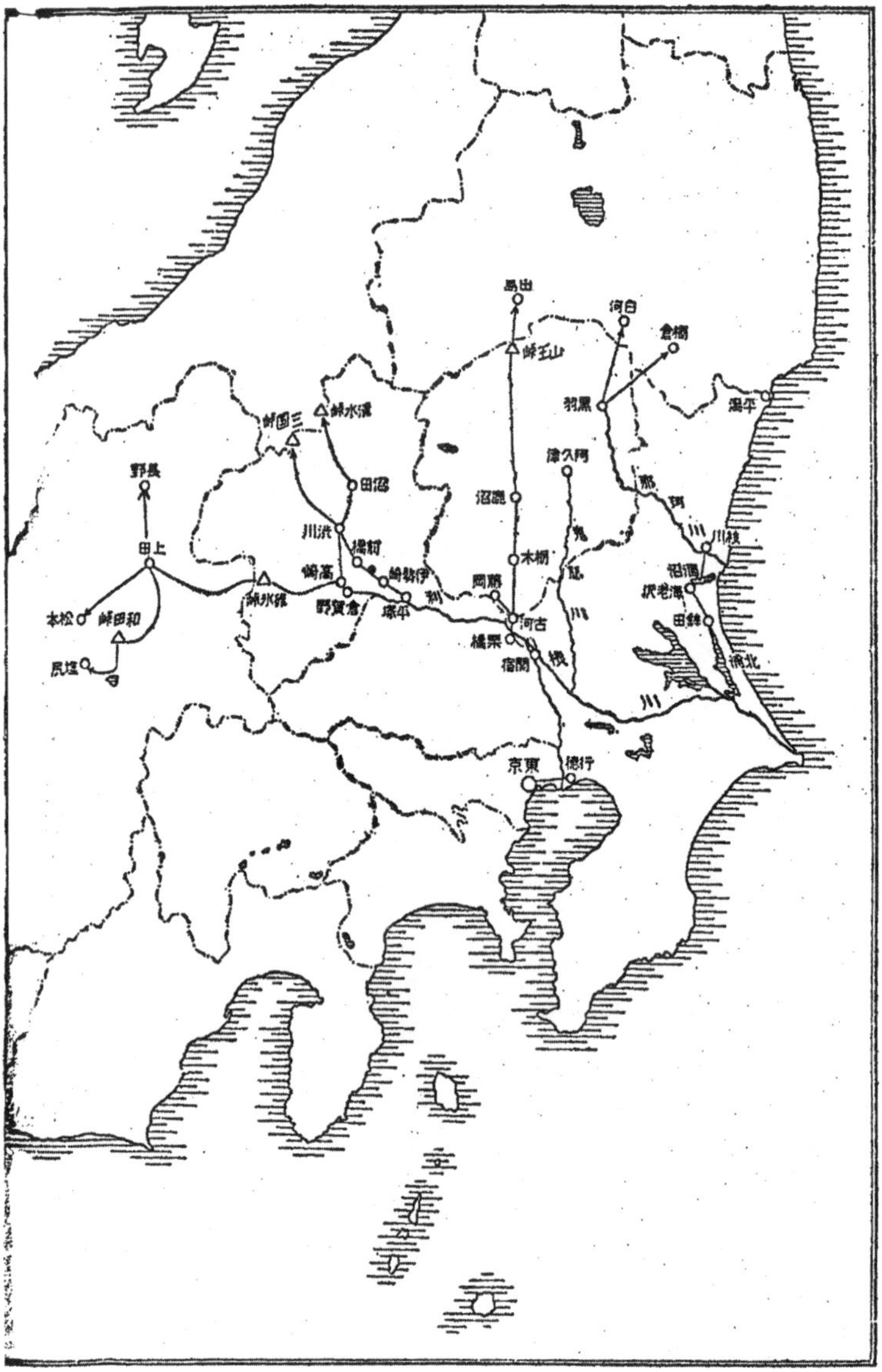

古積鹽の販路　「下総行徳塩業史」（楫西光速著）より

くなった荒浜を田畑に耕すことが盛んに行なわれるようになりました。それは製塩が禁止された後も続けられました。

こうして、大正から昭和にかけて行徳は、東葛飾郡中でトップの米生産額を誇る穀倉地帯になっていました。田畑の土地の値段も田は行徳が、畑は南行徳が一番でした。

2 行徳船

幕府公認の役船で番船ともいわれた

寛永九年（一六三二）、関東郡代伊奈半十郎は本行徳村に許可を与え、本行徳河岸から日本橋小網町三丁目の行徳河岸までの三里八丁（一二・六キロ）の、客船の独占航路権を認めました。

旅客輸送を主として、魚介、野菜などの小荷物を扱い、まとまった荷物は別船を仕立てました。寛永九年から明治一二年（一八七九）の廃止まで、およそ二四七年間活躍しました。一般には行徳船と呼ばれ、また、日本橋小網町から本行徳までを毎日往復していたことから、長渡船《ながわたしぶね》ともいいました。途中での乗り降りはできませんでした。

番船諸用留には「船の儀は外と違ひ、ご公儀様より被仰付候御役船に御座候事」とあり、幕府公認の役船でもありました。この川を通行する舟を監視するという意味もあって、番船とも呼ばれました。

行徳船の数は、寛永九年の初めは一六艘、寛文一一年（一六七一）には五三艘、嘉永年間（一八四八～五三）では六二艘でした。行徳船のほか、多数の川舟が航行していました（「葛飾誌略」）。

税金が免除されていた

行徳船は一五～二四人乗りの茶船が使われ、船頭一人の手こぎの船でした。茶船は川舟で、船底は平らでした。

享保一八年（一七三三）の制での茶船の大きさは、長さ二間二尺五寸（約四・四メートル）、二間三尺五寸、二間五尺五寸、三間一尺五寸、三間三尺五寸、三間五尺五寸、四間一尺五寸、四間三尺五寸、五間五寸（約九・二メートル）まで九種類の大きさが示されています。

用途によっては、弘化元年（一八四四）の制にあるように、猪牙船（快速船）と称える茶船、荷足船《にたりぶね》（貨物船）と称える茶船、伝馬造茶船の大形、中形、小形、茶船の大形、中形、小形などがあり、船役銭も細分化されていました。ただし、行徳船は渡船だったので、「御年貢御役銀共御免」とされ、保護されていました。

船の利用は、寛政五年（一七九三）では、借切、表借、友借、乗合の四種で、たまたま落ち合ったものでの借切は一艘二五〇文、表借切が一七二文、友借が一二四文、乗合は一人につき五〇文、同じく二人で一〇四文でした。魚や荷物の場合、行徳から小田原町河岸まで一艘三五〇文でした（『江戸川区史』）。

文化七年（一八一〇）では、借切二五〇文、表給一七二文、乗合一人につき二五文、艫借（友借）一二四文、生物《なまもの》一艘は七駄（一駄は約一五〇キロ）まで乗せる、ただし河岸上げに一〇〇文、船頭に一〇八文、上げ銭として一一文、問屋銭として二九文かかりました（『葛飾誌略』）。

運行時間は午前六時から午後六時まで。三里八丁の所要時間は三〜六時間でした。本行徳から小網町三丁目へ行く方が速く、江戸からは時間がかかりました。それは江戸川から中川へ常に水の流れがあり、江戸川へ出るには引き船をすることが多かったからです。

3　行徳川

隅田川と中川を結ぶ堀川を小名木《おなぎ》川といい、中川と江戸川を結ぶ川を新川と呼びます。小名木川と新川を総称して行徳川と呼んでいました。

本行徳河岸から江戸日本橋小網町の行徳河岸までの航路は、時代によって異なりますが、次の通りでした。

（一）天正一八年（一五九〇）〜元禄三年（一六九〇）まで。行徳船津が新河岸へ移るまでの航路――

行徳船津を出て、海岸を（行徳駅前の弁天公園を右に見ながら）西へ進み、浦安の当代島の船圦《ふないり》川を抜けて、江戸川へ出るコース。流路変更工事前だったこと。変更後は、軍事上の理由から江戸川が封鎖されていたため江戸川を下れなかった。

（二）元禄三年（一六九〇）以降。行徳船津が新河岸に移されたことによる変更――本行徳の新河岸を出て江戸川を下ります。江戸川が開放されたため。

（三）天正一八年（一五九〇）～寛永六年（一六二九）までの江戸川から中川への航路――江戸川から、現在親水公園になっている古川へ入って下り、中川へ達します。古川を含めて全川を船堀川といいました。

（四）寛永六年以降の江戸川から中川への航路――航行の便を図るため、船堀川の途中から江戸川へ、新川が掘られました。川幅二〇間の広い直線の川になりました。妙見島の上流にある新川口から入り、中川へ抜けます。なお、船堀川全体を、いつの頃からか新川と呼ぶようになりました。江戸川から中川までは、およそ一里二〇丁（約六一〇〇メートル）、川幅二〇間（約三六・四メートル）でした。

（五）天正一八年（一五九〇）～明治（一八六八～）までの中川から隅田川までの航路――中川から小名木川へ入り、直進して隅田川へ出ます。およそ一里一〇丁（約五キロ）、川幅二〇間余（約三六・四メートル）でした。

（六）小名木川を出てからの航路――隅田川を突っ切って日本橋川へ入り、小網町三丁目の行徳河岸へ着けます。行徳河岸は、現在は首都高速箱崎インターの下になっています。江戸城へ冥加年貢の塩を運

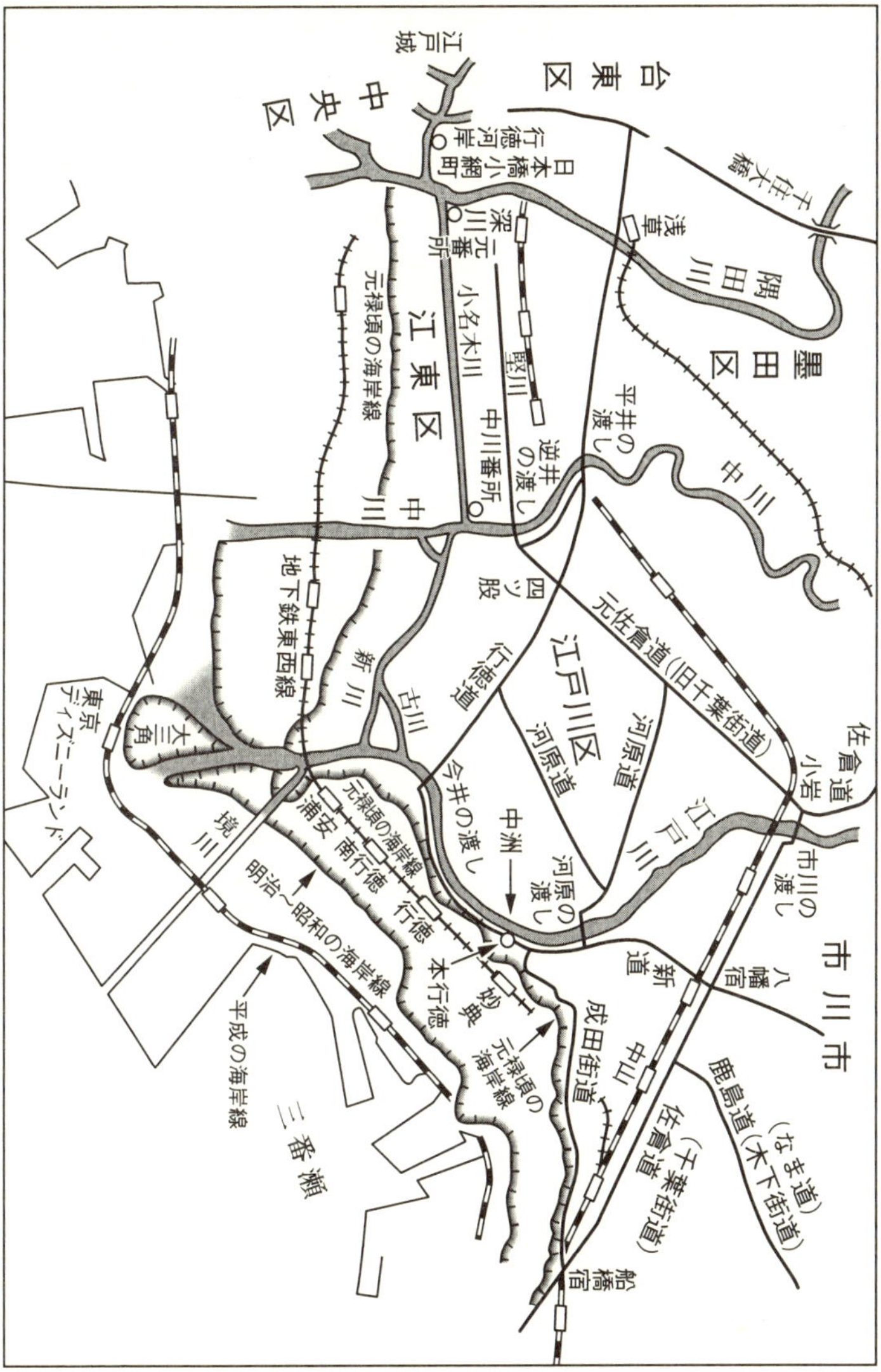

江戸〜行徳への道（鈴木和明 作図）

ぶ行徳船は、行徳河岸を右に見ながら直進し、江戸城の堀に入りました。

江戸川の新川口（市川市島尻側から見る）

4 葛飾の浦

下総国と東海道

一〇世紀の律令制の集大成としての「延喜式」によれば、下総国は、葛飾、千葉、印旛《いんば》、匝瑳《そうさ》、海上《うなかみ》、香取、埴生《はにう》、相馬、猿島《さしま》、結城、豊田の一一郡から成り立っています。

葛飾郡の範囲は、八世紀頃には現在の江東区（江戸川、葛飾、江東、墨田。以上を東京府南葛飾郡という）をはじめ、千葉県東葛飾郡（市川、船橋、松戸、野田市など）、埼玉県と茨城県の一部を含む広

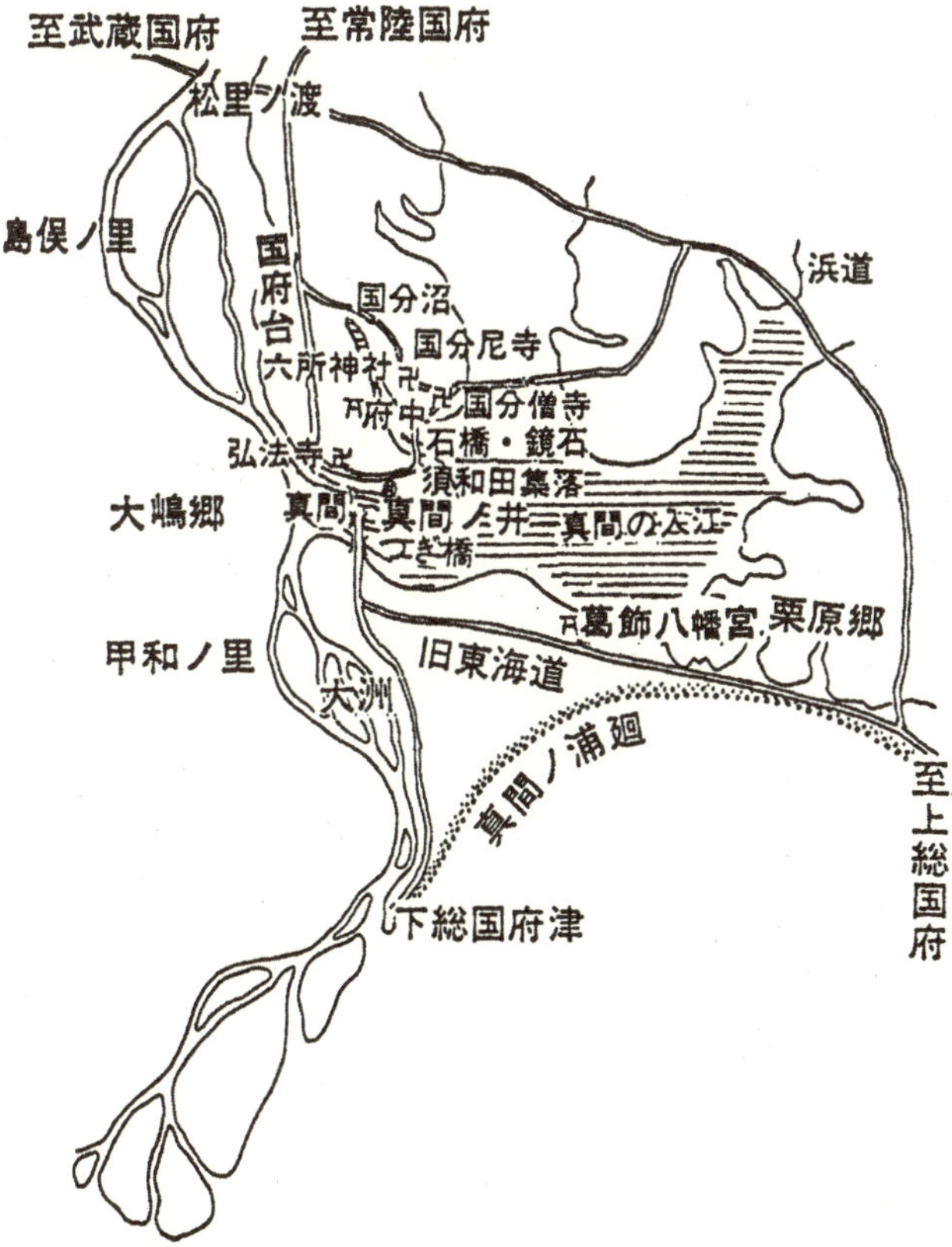

古代下総国府付近想定図
「郷土読本 市川の歴史を尋ねて」（市川市教育委員会）より

大なものでした。

その頃の南葛飾や北葛飾の低地は、沖積層デルタの生成中であり、芦などが生い茂った湿地と沼地で人が住むには適さず、市川台地に国府が置かれているだけでした。

東海道は、三浦半島から千葉県富津《ふっつ》へ渡るルートでした。ようやく九世紀になって武蔵豊島駅（千代田区麹町）から井上駅（墨田区寺島）へ行き、市川の国府台《こうのだい》へ続くルートが東海道として開発されました。そのラインまでが潮入りの湿地帯で、海岸沿いに歩いたと思われます。

真間の浦廻は葛飾の浦

江戸川が東京湾に注いでいた河口は、市川の国府台の下流の大洲から本行徳辺りでした。現在の国道千葉街道は、江戸川の流れと海流とでできた砂洲です。千葉街道と国府台の中間が、真間の入江といわれた潮入りの底湿地帯でした。

「葛飾の真間の浦廻《うらみ》を漕ぐ船の船人騒ぐ波立つらしも」（『万葉集』作者不詳）と詠まれた「真間の浦廻」という表現からは、江戸川の自然堤防が西側に形成され、市川砂洲（千葉街道）から行徳に向かって砂が滞留して、新しく形成されていく海岸の様子が連想されます。

鎌倉時代になると、三浦半島からの船が行徳を水駅として往き来しました。そして、この辺りの浦をすべて葛飾の浦といいました。また、海上から見ると着物の袖のようなので袖ケ浦ともいわれて、発句も多いのですが本名ではありません。

「葛飾の浦の景色は限りもなく、赤子もしるき白妙の、富士は手に取るばかりに見え渡り、房総の名だたる山々は霞の外に現はれ、白浪は華をくたし、天晴れて沖津雁遠く聞こえ、そほ舟はなお小笹の葉かとも疑ふ」と「葛飾誌略」にあります。

そのような葛飾の浦で、戦国時代末期に盛んに塩を焼いて、北条氏に年貢を納めていました。

天正一八年（一五九〇）、徳川家康の領地になってからは大規模な塩浜開発投資がされて、葛飾の浦は塩焼きの浜に変貌したのです。

昭和三〇～四〇年代（一九五五～）の高度経済成長期に、葛飾の浦の干潟は埋め立てられて工場地帯になりました。今わずかに面影を留めるのは、船橋と行徳沖に残された三番瀬のみとなりました。

5　行徳の地名発祥

洪水と津波が襲った行徳

かつて「行徳様」と村人から呼ばれた一群の人々がいました。その頃の行徳は、見渡す限り汐入りの原野と干潟で、一面が葦《あし》に覆われていました。

東京湾は、深く陸地に入りこんでいて、本行徳の寺町付近と妙典地域との間も汐入り地でした。旧江戸川は、現在の何倍もの川幅で、浅くて歩いて渡れるほどでした。川中にはいくつもの中洲があり、肥沃な土地でした。

関ケ島から押切地域にかけて、江戸川の河口の一つがあって、行徳と欠真間地域は離れていました。下流の新井、島尻、当代島、猫実、堀江地域はそれぞれが島状に孤立していました。

国府台にあった国府への物資と人を積んだ船が「湊」へ着きました。関ケ島にある香取神宮の関門を通り、陸路国府台へ向かったのです。

奈良時代、平安時代、鎌倉時代を過ぎて室町時代になって、ようやく記録上に「行徳」の地名が現れました。応安五年（一三七二）のことを記した「香取文書」があります。行徳に記録に載るような集落ができたのは、それ以前のことと考えられます。したがって、「行徳様」の言葉が生まれたのも鎌倉時代まで溯ると推定されます。

江戸川は洪水のたびに流れが変わり、東京湾からの高潮と津波はたびたびありました。行徳の地に、古い記録がわずかしか残っていないのもそのためです。洪水や津浪で流されたり、手元に残っても「水腐れ」のため役に立たなくなったからです。

修行僧が布教に訪れた土地

寛延二年（一七四九）に著された「葛飾記」には、「惣《すべ》て行徳と名付けること、本行徳金剛院の開山行人よりして起こる」とあります。

また、文化七年（一八一〇）に著された「葛飾誌略」では、「行徳という地名は、その昔、徳長《た》けたる山伏この所に住す。諸人信仰し行徳といいしより、いつとなく郷名となれりと。その後、この庵へ出羽国金海法印というもの来たりて、行徳山金剛院という。羽黒法漸寺末と成る。天文一一壬寅年（一五四二）なり。御行屋敷という。この寺、享保年中（一七一六〜一七三五）退転すという」とあります。

「行人」は、「こうじん」と読めば、道を行く人、旅人、使者などの意があり、「ぎょうにん」と読めば、行者《ぎょうじゃ》の意もあります。ですから、行人とは役小角《えんのおずぬ》を祖とする仏教の一流派の修験者と思われるのです。「法印」は、昔の僧の最高位、やまぶしの別称、の意とあります。また、高僧のことを大徳ともいいます。

このようなことから、布教のために修行を積んだ僧侶たちが、山伏姿で長い年月をかけて、行徳の地をたびたび訪れていたことがわかります。しかも、一群の人たちは、単に寺を建て、説教をするのでなく、村人たちと一緒になって働いたと思われます。寺院はずっと後年（一五四二）になって、村人の寄進によって建立されました。

僧侶は現代と異なり、当時では最高の知識を持った科学者であり、土木技師であり、哲学者でした。

中国へ留学して、天文から農業まで知識を修得した知識人だったわけです。

字が読めない多くの人たちが、一緒に働いてくれるその人たちにどれほど感謝したことでしょう。「行徳」の地名にこめられた人々の気持ちが伝わって来ます。

江戸時代に行徳領といえば、浦安、南行徳、行徳、市川、船橋の一部を含む広大な地域でした。今では千葉県市川市の、行徳駅前と本行徳という狭い区域の呼称としてしか残されていません。それでも古くから住んでいる人たちは、江戸川から南西方向、浦安までの地域を一括して、今でも「行徳」と愛称しているのです（「巻頭言　神明神社の御塩浜」「金海法印」の項を参照）。

6　金海法印

「行徳様」と慕われた金海法印

金海法印は、行徳という地名に関係のある人物とされています。

行徳神明神社の由来書（市川市教育委員会）によれば、「神明神社の起こりは、金海法印という山伏が、伊勢内宮の土砂を中洲（江戸川区篠崎町辺り）の地に運び、内外両皇大神宮を勧請して神明社を建立したのに始まる」といわれます。

金海法印は土地の開発と人々の教化に努め、徳が高く行ないが正しかったところから、多くの人々に「行徳様」と敬われていました。そして、この「行徳様」が行徳の地名になったとされます。

諸説のある「行徳」の地名の起こり

金海法印が行徳を訪れたのは、神明神社の縁起による大永七年（一五二七）、「葛飾誌略」の天文一一年（一五四二）、「江戸名所図会」の慶長一九年（一六一四）と諸説があります。しかし、このようにして訪れていた人々のことを、「金海法印」と呼んでいたのかもしれません。

いずれにしても、神明神社は初めは小祠とされていて、とても大勢の人が入れるお堂ではなかったようです。金海法師は行徳の地に住む人々とともに治水、開墾などで働いたのです。だから尊敬されたといえます。

「行徳」の地名の出典については、別に「香取文書」があります。「香取文書」とは、「佐原市香取神宮関係文書」のことです。

応安五年（一三七二）一一月九日付「香取文書」の「藤氏長者宣寫」に「行徳等關務」とあり、同年

行徳神明神社

一二月一四日付「香取文書」の「室町将軍家御教書寫」に「行徳關務事」とあります。

至徳四年（嘉慶元年、一三八七）五月一日付「香取文書」の「大中臣長房譲状」に「きやうとくのせき、合五けせきの事」とあります。

このことから、実際に行徳の地名が通用していた時代は、もっと古い時代からだったことがわかります。

金海法印の伝説が、いつどのようにして流布されたのかは明らかではありませんが、そのような事実に近い事柄が、行徳の地に実際にあったと思われます。しかし、それらの事柄は、江戸時代の著名人たちが思いつかないほど、遠い遠い昔のことだったのです（「巻頭言　神明神社の御塩浜」「行徳の地名発祥」の項を参照）。

7 行徳七浜

武田信玄を苦しめた塩留め

戦国期、行徳七浜と呼ばれる村々がありました（七八頁参照）。江戸川の上流から、稲荷木村、大和田村、河原村、田尻村、高谷村、妙典村、本行徳村です。

行徳の地は、里見方の所領であったり、北条方の所領になったりしていました。永禄七年（一五六四）の第二次国府台合戦に北条氏は勝利しました。それ以後は、北条氏に味方した小金城主高城氏の所領になりました。

北条氏への塩年貢は、行徳から船に乗せて小田原まで運んでいました。「塩浜由来書」には、「年貢塩相州小田原へ船廻にて相納め候由申し伝え候」と書かれています。

永禄一〇年（一五六七）一〇月、甲州の武田信玄と北条氏が戦った時、北条氏は甲州への塩留めをします。そのときの塩は、行徳塩だったといわれています。

「葛飾誌略」には、「甲州家と北条家と楯鉾《たてほこ》のとき、小田原より甲州へ塩留めをせられければ、さすがの名将も難儀に及び、国中大きに苦しめりとぞ」と記されています。

当時の生産地は、妙典地帯の外側の浜が塩浜であり、そして大和田地先（現在の行徳橋周辺）、大和田に続く河原、のちの下新宿付近、本行徳（一丁目）地帯と妙典地帯との間の狭い内浜で塩を採っていたと思われます。

行徳七浜と呼ばれる村々が、入り海を囲むようにしていたと思われます。

塩浜開発を奨励した徳川家康

天正一八年（一五九〇）八月一日、徳川家康が江戸に入り、行徳七浜を直轄領として支配します。慶長元年（一五九六）、代官吉田佐太郎は、妙典村の治郎右衛門に新塩浜開発の書付を与えました。これによって、徳川家の行徳七浜に対する方針は示されました。治郎右衛門は元北条氏の武将篠田雅楽助清久の三代目でした。

治郎右衛門は、本格的に塩浜を開発します。そこは現在の本塩一帯にあたる場所になります。以後、寛永二年（一六二五）に江戸川の変流工事が完成するまでに、大規模な塩浜開発が実施されたのでした。最初の塩浜検地が行なわれたのは、寛永六年（一六二九）のことでした。その時の塩浜付村々の数は一六カ村になっていました。下新宿、関ケ島、伊勢宿、押切、湊、前野、欠真間、新井、当代島の九カ村が新たに塩年貢を課せられたのでした。

8　行徳塩浜開発手当金

六〇〇〇両もの大金を投資

徳川家康、秀忠、家光の三代にわたって、行徳塩浜に合計六〇〇〇両の下賜金がされています。
「下総行徳塩業史」（楫西光速著）を参考に記します。
「大日本塩業全書」では、次の通りと記載があります。
家康　金一〇〇〇両　天正一九年（一五九一）一月
秀忠　金三〇〇〇両　文禄四年（一五九五）
家光　金二〇〇〇両　元和元年（一六一五）
「各国塩制調査書」（「郊外見聞録」による、と注釈あり）では、次の通りとあります。
家康　金三〇〇〇両　慶長一三年（一六〇八）（注：慶長八年、家康将軍となる）
秀忠　金二〇〇〇両　元和三年（一六一七）（注：慶長一〇年、秀忠将軍、家康大御所となる。元和二年家康没）
家光　金一〇〇〇両　寛永五年（一六二八）（注：元和九年、家光将軍、秀忠大御所となる。寛永九年秀忠没）

「下総行徳塩業史」の備考に、次のように指摘されています。

「家康の場合において、『江戸名所図会』『大日本塩業全書』はともに、塩焼百姓共を船橋御殿にお召しだしになったとしているが、船橋は慶長一三年（一六〇八）幕府の直轄となり、同御殿は同一七年（一六一二）建設されているのであるから、その点よりして両書の記録に疑問が持たれる。秀忠、家光についても、『大日本塩業全書』の文禄四年、元和元年は共に将軍職につく前のこととて疑問の余地がある」

別の角度から当時を見てみましょう。

慶長三年（一五九八）秀吉没（家康が江戸へ移封されてから八年後）、同五年（一六〇〇）関ケ原の戦い（この三年後に徳川幕府成立）、元和元年（一六一五）大坂夏の陣で秀頼没（翌年に家康没）となっています。

家康の遺志を継いだ秀忠

徳川家の台所事情も、かなり切迫していたものと考えられます。そこで、慶長元年（一五九六）に、妙典村の治郎右衛門に手形を与えて塩浜開発を奨励したのです。金銭での援助はありませんでした。

家康は将軍職を秀忠に譲り、大御所政治を行ないました。その時に、行徳塩浜開発手当金として三〇〇〇両を下賜したのでした。

秀忠は家康が没した翌年に二〇〇〇両を下賜しました。家康の遺志を継ぐことを明確にしたのです。

家康の三〇〇〇両は、妙典を中心とする新塩浜開発に投資されました。江戸初期の塩浜は、現在の本塩地域が中心でした。

秀忠の二〇〇〇両は、江戸川の流路を浦安方面へ変えるための工事に大半が使われたと考えられます。大規模な土木工事（公共工事）が、家康、秀忠の時代にされたのです。人も物も技術も行徳に集まりました。

家光の一〇〇〇両は、関ケ島から当代島までの新塩浜開発と、新川の開削工事に費やされたでしょう。新川が開通したのが寛永六年（一六二九）であり、最初の塩浜検地が実施されたのも同じ年だったからです。

寛永検地の行徳一六カ村全体の塩浜永は六〇四貫八六七文で、金に換算すると約六〇四両になります。家光の与えた一〇〇〇両の価値が理解できます。

行徳船が本行徳村に許可されたのは寛永九年（一六三二）のことでした。秀忠がその年に没しています。

9　小宮山杢之進

吉宗に登用されて活躍

行徳領塩浜付村々にとって、代官小宮山杢之進《もくのしん》は恩人でした。

享保元年（一七一六）八月、将軍になった徳川吉宗は、地方《じかた》巧者の小宮山杢之進を登用して、下総小金牧の開墾にあたらせました。

関東代官小宮山杢之進は、享保六年（一七二一）七月二五日、行徳領塩浜付村々の代官もおおせつかりました。農政に深い知識を持ち、土木工事の優れた技術が認められたのです。

享保七年（一七二二）八月二七日、大嵐と高波で塩浜囲堤《かこみづつみ》が大破しました。杢之進はただちに金二一〇〇両を支出して、村人を人足として雇い、堤防工事をしました。このとき、内堤には芝を植え、外堤には葭を植えました。また、波除けのため百足杭《むかでくい》を打ちこみました。

享保八年（一七二三）、人足に一人当り米五合を与えて、前年修復の場所に葉笹垣詰め直しを実施しました。欠真間、湊、湊新田、高谷、原木、二又の六カ村でした。

享保九年（一七二四）、人足一人につき米八合を与えて、ご普請所堤修復と葉笹垣詰め直しを実施しました。欠真間、新井、湊、湊新田、本行徳、高谷、原木、二又の八カ村でした。

享保一〇年（一七二五）、垣下にて、生塩を八三四二俵、お買い上げになりました。その後だんだんに値下がりして損が出ましたが、代官が引き受けました。

享保一一年（一七二六）三月二七日、吉宗は下総小金原で鷹狩りをしました。その時小宮山杢之進は、行徳領塩浜増築計画を上申しました。吉宗は、神君（家康）の殖産農政であり、江戸府内緊要の地であるとして、海面囲堤は幕府の定式普請《じょうしきふしん》と定めて命じました。また、吉宗は朱印状を与えてこれを保証しました。そのため、以後の堤防工事は幕府の費用で行なわれました。

このようにして、特に湊、湊新田、押切の潮除堤は、三度にわたって築き出されて、しごく丈夫になりました。なお、堤普請は行徳全体に実施され、今でも、小宮山堤や小宮山土手の名を残しています。明治、大正の頃でさえ、南行徳村新井より船橋西海神までの延長二里半にわたり、「稲田を画して羊腸たる堤防」の跡が見られました。羊の腹に収まった腸のようにくねくねとした、という意味です。

「塩浜由緒書」を書いた杢之進

杢之進は、享保一九年（一七三四）七月、支配所牧場の普請を任せた配下のものが不正をしたために失脚、解任されました。

宝暦九年（一七五九）八月五日、隠居願いが認められました。

明和六年（一七六九）八月、行徳塩浜付村々のために、塩浜の由緒を記した「覚」を提出しました。

それを、「塩浜由緒書」といいます。朱印状と由緒書は、行徳の村人にとっては大切なものでした。

安永二年（一七七三）、李之進は死去しました。

安永年間（一七七二～一七八〇）の事件の内、浦出入り一件の際に、奉行桑原伊豫守によって、吉宗が出した朱印状は取り上げられてしまいました。それ以後は、堤普請は定式普請ではなくなりました。

小宮山李之進は、現在でも妙典五丁目に小宮山公園として名を残しています。

10　塩浜年貢永

永一貫＝金一両＝金四分＝銭四貫文の換算になります。

寛永六年の本行徳村の年貢永一七二貫九二一文は、（永一七二貫＝金一七二両）＋（永九二一文×四＝銭三六八四文＝金三分と銭六八四文）＝一七二両三分と銭六八四文、となります。

大部分の農民は、年貢を「銭」で納めたので、すべて銭に換算すると、永一七二貫九二一文×四＝銭六九一貫六八四文、になります。

銭一貫文＝一文銭千枚です。銭一貫文とは、緡《さし》という紐に一文銭を千枚通したものをいいます。銭は寛永通宝がよく知られています。

塩浜年貢永の推移

村＼年	寛永6年(1629)	元禄15年(1702)	延享元年(1744)	延享3年(1746)	文化末カ(1817カ)
	永貫文	永貫文	永貫文	永貫文	永貫文
本行徳村	172.921	101.650.1	64.822.7	70.167.4	26.319.6
上妙典村	125.392	50.240.7	26.116	23.421.7	30.242.4
下妙典村		102.661.2	38.244.6	37.261.3	
高谷　村	53.585	28.133.8	22.346	21.534	17.811.5
押切　村	29.400	38.676	26.803.6	28.112.3	12.680
欠真間村	52.894	77.830	42.698.4	43.034.9	33.779
湊　　村	38.317	32.714	18.849.5	20.617.2	11.515.8
田尻　村	34.989	24.817	17.926.2	16.672.6	4.825.9
河原　村	20.677	7.942.9	4.492.5	4.941.7	1.439.5
新井　村	17.631	24.872	14.830.5	14.497.1	3.071.5
関ケ島村	14.115	9.466.7	8.594	8.594	3.521.6
下新宿村	1.301	0.300	0.300	0.330	――
稲荷木村	16.190	――	――	――	――
大和田村	5.764	――	――	――	――
当代島村	3.850	――	――	――	――
前野　村	2.271	――	――	――	――
湊新田村	――	16.766	9.797.9	9.982.1	4.958.8
原木　村	――	14.680.8	8.703	10.455	9.793.2
伊勢宿村	15.570	13.272	12.511.8	12.587.1	4.730.4
二俣　村	――	8.474.4	4.209	4.851.9	3.726.3
西海神	――	――	――	――	4.214.2
加藤新田	――	――	――	――	1.106.3
計	永貫文 604.867	永貫文 507.453.1	永貫文 321.290.7	永貫文 327.030.3	永貫文 163.742

（「市川市史」より）

また、文化（一八〇四〜一八一七）の頃、正塩納めは、金一〇両に対して、塩五斗入り二〇〇俵（一両＝二〇俵）が定値段でした。

本行徳村の場合では、元禄検地までは五分の一が正塩納めでしたから、一七二両三分÷五＝約三五両分が、現物の塩で納める分になります。三五両×二〇俵＝七〇〇俵の五斗入りの塩俵を、行徳船で運んだことになります。

行徳の塩浜全体では約六〇四両÷五＝約一二一両が現物の塩納め、一二一両×二〇俵＝二四二〇俵の五斗入り塩俵を、現物納めの年貢としたことになります。

寛永検地の時の、行徳塩浜全体の生産量は約四万石＝八万俵とされています。

行徳塩浜全体の年貢永を、塩俵に換算すると、約六〇四両×二〇俵＝一二〇八〇俵ですから、一二〇八〇俵÷八万俵×一〇〇＝一五・一％の税率になります。現代でいえば、一億円の売上げがあった会社が一五〇〇万円の税金を現金と現物で支払ったことに当ります。江戸時代、六公四民あるいは四公六民といわれた収穫物の取り分からいえば、一五％の税率は一・五公八・五民ですから非常に保護されていたといえます。

なお、表中の寛永六年（一六二九）の村々の中で、当代島、新井、欠真間、湊、前野、押切、伊勢宿、関ケ島、下新宿の九カ村は新たに寛永検地によって年貢永が課せられました。

それまでは、稲荷木、大和田、田尻、高谷、河原、妙典、本行徳の村々が、戦国末期から行徳七浜と称されていた塩浜でした。

元禄一五年（一七〇二）の塩浜検地によって以上の一六カ村のうち、当代島、前野、稲荷木、大和田の四カ村が、荒浜になったとして塩浜永免除になりました。代わって湊新田、原木、二俣の三カ村に、新たに塩浜永が課せられました。

11 塩浜反別

寛永検地（一六二九）の塩浜反別が不明です。

「塩浜由来書」に添付された「宝永四亥年村方高反別銘細書上帳写書抜」によれば、「慶長の頃は凡そ六〇〇釣、寛永御検地の際は四八〇釣相成る、元禄御検地の節は四一九釣相成る」とあります。

元禄検地の際の反別は、一九一町七反七畝二四歩なので、それをもとに寛永検地の反別を換算すると、二一九町六反余になります。

なお、弘化二年（一八四五）八月、下総国葛飾郡行徳領塩浜付村々の村役人連名で差し出した「塩浜御普請其外之義共願書下」によれば、「寛永検地の塩浜反別は三七〇町余」と記されています。

また、元禄検地の際の塩浜永の総額は永五〇七貫四五三文一分、寛永検地の際の塩浜永は永六〇四貫八六七文ですから、それをもとに寛永検地の際の反別を換算すると、二二八町五反余となります。いず

行徳塩浜反別推移表

村＼年	元禄15年 (1702)	文化12年 (1815)	明治15年 (1882)
	町反畝歩	町反畝歩	町反畝歩
新井村	9.3.0.17	9.5.0.04	1.4.6.16
湊村	12.0.3.02	11.1.9.28	14.5.6.29
湊新田村	6.5.1.23	4.3.1.19	12.8.6.14
伊勢宿村	4.1.2.17	4.1.2.11	――
押切村	13.3.9.25	12.8.3.16	5.0.4.04
欠真間村	28.6.1.12	20.3.4.20	4.7.0.05
関ケ島村	3.1.3.11	3.1.3.11	――
本行徳村	37.5.5.08	37.6.9.04	22.0.1.09
下新宿村	0.1.0.00	――	――
河原村	2.8.9.14	2.6.6.21	――
上妙典村	19.5.4.21	14.7.4.05	14.6.1.01
下妙典村	20.8.9.15	15.2.2.01	12.1.6.20
田尻村	9.2.8.17	9.2.5.17	2.4.3.12
高谷村	13.3.2.10	18.3.0.29	9.7.6.29
原木村	6.9.8.29	10.5.8.01	29.0.7.15
二俣村	4.0.6.12	7.2.2.26	22.5.2.28
加藤新田	――	2.3.7.03	3.5.9.07
儀兵衛新田	――	0.9.8.09	3.1.6.12
西海神村	――	――	22.2.7.26
計	町反畝歩 191.7.7.24	町反畝歩 184.5.0.15	町反畝歩 180.0.7.17

（「市川市史」より）

注：元禄15年は「塩浜由来書」による。文化12年、明治15年は「下総国東葛飾郡行徳塩浜沿革史」による（主として楫西光速「下総行徳塩業史」より引用。明治15年の合計は合わないが、楫西著書のままとした）。

れにしても、行徳塩浜の最盛期は寛永から元禄にかけての時代だったことになります。

寛永検地実施後の寛永九年（一六三二）、行徳船の運行を本行徳村に許可しました。翌年には日本人の海外渡航を禁止し、寛永一八年（一六四一）に鎖国が完成しました。万治二年（一六五九）には隅田川に両国橋が架けられ、埋立地の深川に人口が一気に増えました。貞享四年（一六八七）将軍綱吉は生類憐みの令を発しました。元禄三年（一六九〇）、行徳河岸が江戸川の新河岸に移されて、ますます行徳が繁昌しました。元禄一五年（一七〇二）八月、塩浜検地を実施、同年一二月、赤穂浪士が吉良邸に討ち入りました。この間、全国的にはたびたび飢饉があり、慶安事件（由井正雪）、佐倉宗吾一揆などが起こりましたが、幕府の手厚い保護がされていた行徳においては一揆は起こりませんでした。

12　江戸川の渡し跡

江戸川の渡しは、古くは河原の渡しと今井の渡しの二カ所でした。本行徳から日本橋小網町三丁目までの行徳船も渡しであり、長渡船でした。

以下は「千葉県東葛飾郡誌」より引用します。明治四〇年（一九〇七）の調査です（順に現所在地、川幅、水幅、許可年月日、路線。一間は約一・八メートル）。

・河原の渡し……市川市河原、一〇〇間、八〇間、安永四年（一七七五）、江戸川区篠崎村伊勢屋に至る。
・三太の渡し……市川市本行徳二丁目、一〇〇間、六〇間、明治一二年（一八七九）一月六日、本行徳より篠崎村に至る。
・湊の渡し……市川市湊、七五間、七五間、明治八年（一八七五）一二月四日、湊より瑞穂村前野に至る。
・薪屋の渡し……市川市欠真間、七六間、七六間、明治八年（一八七五）一二月四日、欠真間村より瑞穂村当代島に至る。
・今井の渡し……市川市相之川（旧欠真間）、一一四間、六〇間、寛永八年（一六三一）一〇月、欠真間村より瑞穂村上今井に至る。

次は「葛飾誌略」（一八一〇）の記述から引用します。

一・川原村の舟渡し。百姓渡し。昔は篠崎村で渡し、近年は川原村で渡す。舟会所から人が付いて、旅人の往来は禁じられている。

二・湊村の舟渡し。諸人は前野渡しという。百姓渡しである。昔、前野鎌内より塩稼ぎのため舟越えをした。そのために女も渡す。今に湊村に前野分という所がある。

三・今井の渡し。欠真間村にある。以前は今井にて渡していた。近郷のもののほか、旅人等一切渡すことがない。

「房総三州漫録」によれば、今井の渡しは、行徳の方からの渡しは禁じられていて、江戸からの旅人の来る道である。但し、女はどちらからも通さなかった。

江戸川では、小岩・市川の渡しに関所を設けて厳重に取り締まりました。佐倉道のこの関所は重要関所でした。江戸から地方へ出ることを「出女《でおんな》」といいました。幕府は、人質として大名の妻女を江戸の各藩の邸宅に留めました。そのため、江戸から出る女性については江戸城留守居役の証文が必要でした。町内の名主が申請をして、手形発行者である留守居役の裏書きをもらっていました。ただし、「入り女」については「地頭役人の断り書付」だけで通れました。

今井の渡しは、江戸からの一方通行でした。渡し場に関所はなかったので女は一切渡しませんでした。また、欠真間（今の相之川）側から今井側へは、旅人は一切渡さなかったのです。それは、小岩・市川の関所の抜け道になるのを防ぐためでした。

行徳船の運行については、本行徳の船津（船の停泊するところ）に旅人改番所を置いて怪しい人物を監視しました。途中の中川番所は、はじめ深川にありましたが、寛文元年（一六六一）、中川の出口に移転しました。行徳船その他の船も、小岩・市川の関所の抜け道になることを避けるため、女は決して上下とも通さないこととされていました。

ところが中川番所については、例外規定がありました。もし所の女縁組の場合、または神仏の参詣の場合、召し抱え女の場合等々の女出入りの時は、御代官証文あるいはその所の名主の手形があれば通過できました。
そのため行徳船は、成田山参詣を中心とする江戸の行楽客の人気を博して大いに賑わったのでした。

13 成田街道

江戸から成田へ向かうルートは六つありました。そのうちで、行徳を通過するルートは、年寄りや女性に歓迎されました。歩く距離がとても少ないこと、風光明美な水辺の景色を堪能できること、関所がないこと、などからです。

天保末年（一八四三）の「房総三州漫録」の記載から整理してみましょう。

（一）江戸日本橋小網町三丁目行徳河岸（船三里八丁、一二・六キロ）本行徳の新河岸（徒歩二里八丁、八・七キロ）船橋駅（徒歩三里九丁、一二・七キロ）大和田駅（徒歩二里、七・八キロ）臼井駅（佐倉城下徒歩一里二八丁、六・九キロ）酒々井駅（徒歩二里八丁、八・七キロ）成田山寺台駅。行徳船のコースという。合計で一四里二五丁、五七・四キロ。

（二）日本橋―浅草（隅田川の渡し）（中川の下平井の渡し）西小松川―一之江（江戸川の今井の渡し、女は通さない）欠真間村―本行徳村。以下は（一）と同じ。行徳道のコースという。

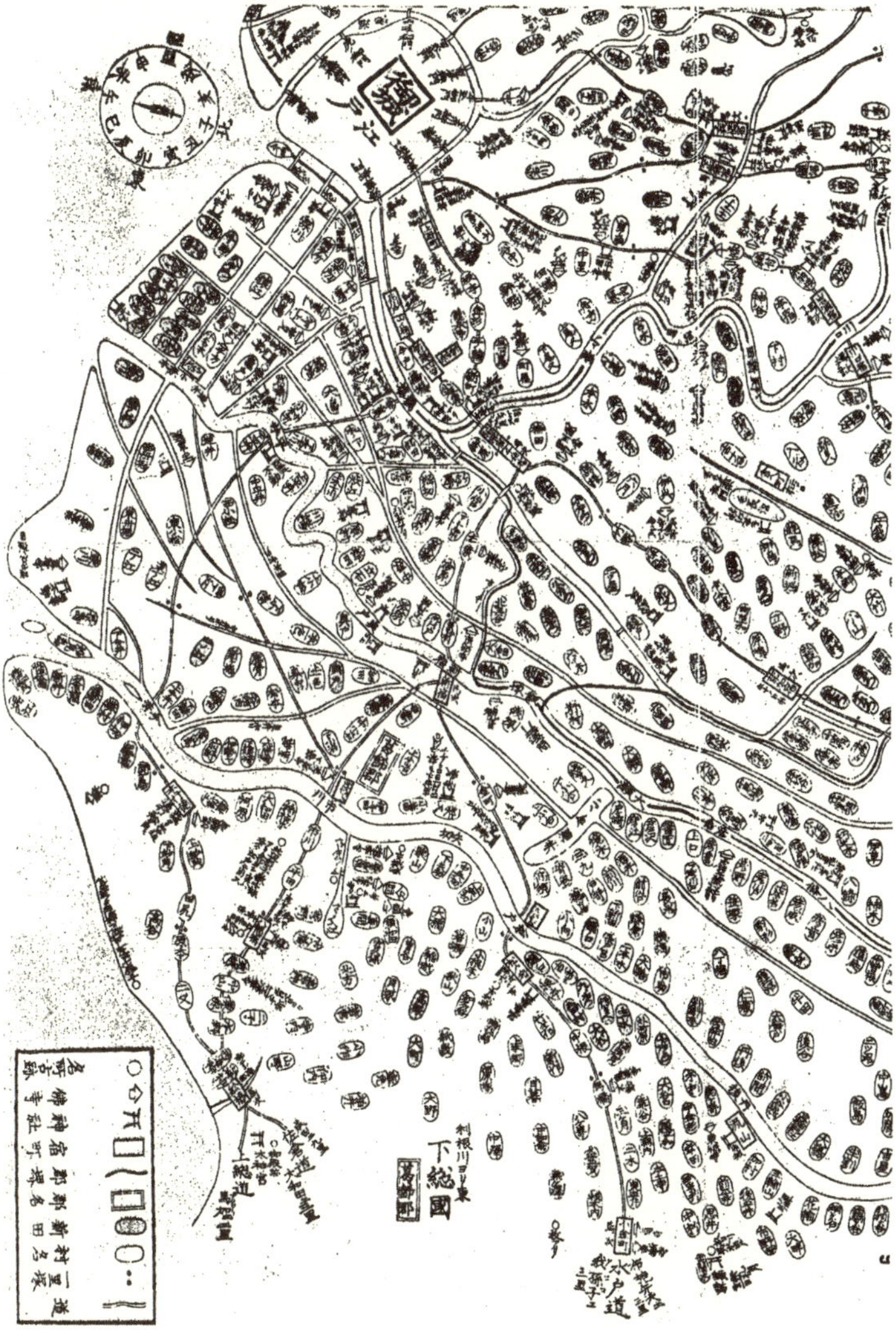

江戸近郊図　「行徳レポートその（1）」（市立市川歴史博物館）より

(三)日本橋—浅草(隅田川の渡し)(中川の下平井の渡し)元佐倉道(旧千葉街道)(小岩・市川の関所、市川の渡し)八幡駅—船橋駅。以下は(一)と同じ。関所を通らなければならない。

(四)日本橋—浅草(隅田川の渡し)(中川の下平井の渡し)元佐倉道(旧千葉街道)途中を右に折れる(江戸川の河原の渡し)船橋駅。以下は(一)と同じ。河原道のコースという。

(五)日本橋—両国橋—堅川沿いに進む(中川の逆井の渡し)元佐倉道(旧千葉街道)。以下は(三)と同じ。

以上が「房総三州漫録」に書かれたコースですが、幕府の参勤に使用した公道としての佐倉道(成田街道)のコースを次に示します。

(六)日本橋—(千住大橋)(徒歩二里八丁、八・七キロ)千住駅—(中川の渡し)(徒歩一里一九丁、六キロ)新宿駅(小岩・市川の関所、市川の渡し)(徒歩二里六丁、八・五キロ)八幡駅(徒歩一里一五丁、五・五キロ)船橋駅。以下(一)と同じ。合計一六里二一丁、六四・八キロ。このコースでは、船橋に着くまで二八・七キロを歩きます。行徳船のコースでは本行徳から船橋までの八・七キロだけが徒歩になります。参勤のコースは、行徳船のコースと比べて船橋に着くまでに、約二〇キロ余分に歩くことになります。船に乗っていたほうが楽だし、関所を通らなくてもよいという利便もあり、行徳船は人気がありました。

成田詣での観光は三泊四日でした。行きは船橋と成田に泊まり、帰りに船橋に泊まりました。「行きにすべえか帰りにすべえか」の八兵衛の逸話はここから出ています。

14 内匠堀跡

真水押しと恐れられた潅漑用水路

内匠堀《たくみぼり》は、田畑のための潅漑用の農業用水路でした。真水の水路は、塩田にとっては「真水押し」と恐れられた存在です。塩分濃度が低下するからです。

享保三年（一七一八）二月、「塩浜真水押しにまかりなる故水田開発仕らざる様申上」の訴えを、妙典、田尻、高谷、河原四カ村がしました。訴えられたのは、稲荷木、大和田、川原三カ村でした。右三カ村は訴訟村の上流にあります。三カ村は萱野畑をこのたび田畑に開墾する旨の申し立てをしていたのですが、水下の四カ村にとっては、真水、悪水が塩浜に押し掛かるので訴訟に及んだ、としています。享保の頃でさえそうだったのです。したがって、水路の開削年代の考証には、いくつかの説があります。

内匠堀の開削年代は、寛永（一六二四〜）の頃とされていますが、元禄時代（一六八八〜）という説もあり、考証が待たれます。ただ、市川市史などの資料の検討でも、寛永の頃には現在の行徳、南行徳地域には、田畑はほとんどなかったものと考えられます。

元禄検地（一七〇二）の時でさえ、本行徳の百姓が持っていた田の九割は、現在の江戸川向こうの市川新田、大洲、大和田地域でした。これを出作といいます。本行徳などの行徳低地は塩浜稼ぎであり、田畑への転換はさほどには進んでいませんでした。

したがって、囃子水《はやしみず》から八幡圦樋《いりひ》までが寛永までに、圦樋から稲荷木、田尻までが元禄までに、河原、妙典、本行徳辺りから当代島までが元禄検地前後に開削されたと考えられます。

開削者は、当代島の田中重兵衛と、欠真間の狩野浄天とされています。ただ、二人とも慶長〜寛永にかけての人物であり、開削年代の考証とともに研究が待たれます。

内匠堀の流路

鎌ケ谷市道野辺の、囃子水の湧き水が水源とされます。ゴルフ場や市営霊園を右にして、細流の水を集めて下ります。その辺りの標高は約七メートルです。この辺りでは谷地川といいます。途中、浜道を横切ります。「浜道」は、木下街道から大野町へ抜ける道です。律令時代、国府台の国府の下まで、海岸が迫っていた頃からの道です。

その先は、JR武蔵野線と市川松戸道路を横切ります。その辺りを大柏川と呼んでいます。分流しますが、北方《ほっけ》小学校近くを下る川筋を北方川といいます。昔、境川といった真間川と交差しますが、その先は八幡川といわれています。別名、冨貴川ともいいました。「葛飾誌略」に「八幡町付近にては富貴川といふ」とあります。

国道一四号（千葉街道）を横切ります。そこは、行徳からのバイパスと千葉街道との交差点になり、

南行徳小学校前の内匠堀跡の道路

角に市川東消防署があります。行徳から来た時は、ここを左折すれば市川市役所になります。この県道を京葉道路市川インターへ向かい、陸橋を渡ります。

この道筋が、かつての内匠堀の川筋になるのです。千葉街道は、かつての海岸線の外れで、市川砂州といわれた高地でした。ここに八幡の圦樋を設けて、丘陵地帯からの使用済みの農業用水と生活排水を下流へ落としました。圦樋は、普段は閉じてありました。

千葉街道から南を内匠堀という

八幡の圦樋から下流を、内匠堀といいます。浦安市の当代島から八幡圦樋まで四三一四間（七八五一メートル）になります。水源の囃子水までは、およそ三里（「葛飾誌略」）とされますが、正確には約一五キロになります。

京葉道路から南の川筋は、行徳橋と新行徳橋の間を流れて、江戸川を渡ります。渡り切ったところが市川市河原一六番ですが、少し行くと河原一三番で暗渠《あんきょ》（地下水路）になります。これが内匠堀跡なのです。

川幅は約二間（三・六メートル）で、下肥舟などの運行もされていました。暗渠を辿ると、徳願寺横を通り、常運寺、法善寺、妙覚寺横を抜け、おかね塚に出ます。それを左に見ながら直進し、T字路を左折すると光林寺の門前です。暗渠をさらに辿ると、法伝寺から源心寺、南行徳小学校横に来ます。

南行徳公民館脇を直進すると、左右に分かれます。右へ行くと了善寺の参道になりますが、こちらは内匠堀の落としの水路であり、広尾地区へ続きます。右に行かないで左へ行くと、すぐ右折します。直進して信号を渡ると新井に入ります。そのまま浦安・市川市民病院まで直進し、当代島の船圦川緑道入口の交差点に出ます。

ここまでが一般に、内匠堀とされる流路になるのですが、さらにここから直進して、浦安の境川まで通じていたのです。

15　江戸川放水路

川幅五〇〇メートルの放水路の建設

江戸川の洪水、津波、暴風雨などによる水害は、享保八年（一七二三）八月から慶応元年（一八六五）八月までの一四二年間で、四三回が記録されました。また、明治になってからも四五年間で二五回も記録されました（「浦安町誌」）。行徳、南行徳でも同様でした。特に、明治四三年（一九一〇）の利根川の大洪水は、明治年間最大のものでした。江戸川も各所で決壊し、東京の下町をはじめ、関東全域で大きな被害がありました。

この大洪水を契機にして、明治四四年（一九一一）、利根川改修計画ができました。利根川の流水量を、それまでの毎秒三七五〇トンから五五七〇トンに変えることにしました。そこで江戸川では九七〇トンから二二三〇トンと、大きく変えることにしたのです。つまり利根川の水量を、江戸川で調整することにしたのです。そして、明治四四年から昭和五年（一九三〇）にわたる江戸川の大改修工事が実施されました。

江戸川は、川幅を広げる工事だけでは流水量をさばき切れないため、特に下流域では放水路の掘削が実施されました。大正五年（一九一六）から工事が着手され、大正八年（一九一九）に掘削工事は終わりました。床固め工事は、大正九年に完成しました。

江戸川放水路は、東京湾へ長さ三キロ、川幅五〇〇メートルでした。当初の流れは、川の中央に細流があるだけで、河原は一面の芦原でした。洪水により水位が上昇すると、床固め堰からオーバーフローして流下するようになっていました。

大正一一年（一九二二）三月一八日、最初の行徳橋の開橋祝賀式が挙行されました。

昭和三二年（一九五七）三月、長さ四二〇メートル、幅五メートルの二代目の行徳橋と、可動堰が完成しました。可動堰（ローリングゲート）は東洋一といわれたものでした。

現在では、利根川から五〇〇〇トン、利根運河から五〇〇トンを放流することが可能になり、そのうちの四五〇〇トンが、放水路を経由できるようになりました。

昭和四七年（一九七二）六月七日には、新行徳橋が開通しました。

神社も村も立ち退いた

放水路の掘削工事のため、河原、妙典、大和田、田尻、高谷の地域一六〇町歩（約四八万坪）の土地が買収されました。大和田の集落は全部が川底になるため、全戸が移転しました。このとき、二の土手脇にあった春日神社が、河原の胡録神社脇に大正三年（一九一四）に移転しました。

昭和四〇年（一九六五）からは、江戸川の本流を旧江戸川、放水路を江戸川と呼称変更されました。

江戸川放水路

放水路の掘削により成田道が分断され、東葛人車鉄道も営業できなくなりました。放水路の下流域では、塩田地帯を断ち割るように工事がされました。

16 大正六年の大津波

三メートルを超す大津波の襲来

大正六年（一九一七）九月二四日、南洋パラオ群島に台風が発生しました。台湾、沖縄の南方海上を北上し、九州、四国、中国地方から関西地方を次々と台風圏内に巻き込んで、北東に進みました。

利根川上流では九月二六日より豪雨が続き、江戸川は洪水となって水位が非常に高くなりました。台風は九月三〇日夜半、浜松、静岡付近に上陸して富士山麓を猛襲し、一直線に関東に入り、一〇月一日午前三時半には埼玉県大宮付近を通過、群馬、栃木、仙台を通って、金華山沖に去りました（「東葛飾郡誌」）。

関東地方通過時の気圧は、中央気象台始まって以来の最低気圧の七一四ミリバール、風速四三メートルの南の烈風が、三時間にわたって吹き続けました。風は屋根瓦を飛ばし、樹木をへし折り、家屋を吹き潰し、船を粉々にしました。

台風は、時速九〇キロの猛スピードでした。東京湾では、低気圧のため海面が一尺九寸も盛り上がり、台風の北上とともに海水も吹き寄せられて、三メートルを超す高さにまでなりました。風に押された海水は、遠浅の行徳沖に近づくにしたがい壁のようにそそり立ち、海面がますます高くなりました。これを、海嘯《かいしょう》といいます。

このようにして、行徳では第一波の大津波が午前四時三五分に襲い、第二波が午前五時四五分に襲いました。第一波では、江戸川の洪水の水が逆流して、海岸堤防と江戸川堤防を破壊しました。第二波は、一年でもっとも潮位の高くなる大潮の満潮時間だったので、行徳の堤防は完全に乗り越えられて破壊されました。

本行徳の江戸川筋の最高水位は、一〇月一日午前五時四〇分で一二・九五尺（約三・九メートル）でした。

塩田に壊滅的打撃

行徳町の堤防決壊は、五四一間（約九八四メートル）、南行徳村では、一七二間（約三一三メートル）に達しました。

浸水の高さは、行徳町役場床上約二尺、小学校校舎床上二尺、本行徳堤防上三、四尺、妙典、塩焼町（現本塩）方面床上約四尺五寸、寺町では床上三尺六寸、南行徳村役場床上三尺、了善寺方丈床上約六尺、本堂四尺でした。

行徳町の死者一三、ケガ人一五、行方不明一、流失家屋七二、全壊三九、半壊三六一、床上浸水一二七七、床下浸水一〇二、学校全壊二、社寺半壊二でした。

南行徳村は、死者六、ケガ人五、行方不明〇、流失家屋九、全壊三二、半壊一五三、床上浸水五八八、床下浸水五、学校半壊二、社寺工場流失一、半壊一〇でした。

船舶の損害は、両町で流失一、破損四のみでした。

最も被害の大きかったのは船橋町で、死者五六、ケガ人二一、行方不明一、流失家屋六三、全壊七二、半壊一二八でした。

次いで浦安町が、死者四四、ケガ人一一五、行方不明二、流失家屋三〇五、全壊七八、半壊六一、床上浸水一六八八、床下浸水一七、学校全壊一、社寺工場の流失五、全壊一一、半壊六、船舶流失一六八、破損二九七でした。

浦安、行徳、南行徳からの流失家屋三九二は、各所の耕地に散積したほか、現在のＪＲ総武線の土盛りした線路に流れ着いて堆積するといった惨状でした。

行徳の塩田は壊滅的な打撃を受け、荒浜になりました。大津波前の大正五年（一九一六）に、七四町歩余（二二万二〇〇〇坪）あった塩田は、大正一〇年になっても四〇町歩（一二万坪）しか回復できませんでした。そのため、昭和四年（一九二九）の第二回の塩業地整理により、塩田経営は終焉しました。

台風によって、刈り取った稲と干潟に用意したノリヒビ（ノリ養殖用の竿《さお》）もすべて流されて、農業もノリ養殖も大きな打撃を受けたのでした。

なお、妙典一丁目の日蓮宗妙栄山妙好寺に、妙典地蔵尊が祀られています。その石碑の裏面には、「大正六年九月三一日沸暁突如トシテ関東地方ヲ襲ヒ来タリシ大海嘯ニ依リ遭難セラレタル幾多ノ霊魂ヲ弔ヒ慰ム為ニ之ヲ建立ス　昭和一八年一〇月一日　建立発起人　総代　齋藤吉兵衛」と刻まれています。九月三一日という日はありませんので、一〇月一日ということです。

17 行徳ノリ（海苔）

有名だった葛西ノリ

西暦七〇一年、ムラサキノリ（紫菜）が調《みつぎ》に選ばれました。七一二年には、『古事記』が作られています。

徳川家康が江戸に来た一五九〇年から一六一四年頃にかけて、浅草ノリが有名になりました。その頃は、浅草から品川沖で採れていたのです。

葛西浦は、鎌倉時代から漁業を営み、地引き網、投網、四つ手網、白魚猟などの磯漁をしていました。家康入府の際には、ハマグリ、アサリ、カキなどを献上して、御菜浦《おさいのうら》の指定を受けました。御採浦とは、将軍家へ献上する魚などを捕るための特権を認められた漁場のことです。

それ以後になって、隅田川へ流れていた利根川の水を分離して、中川へ落としました。塩水と淡水が調和した中川河口は、良質のノリが採れるようになり、浅草ノリとして盛んに出荷されました。

元禄（一六八八〜）になっても、葛西浦では貝殻や流木についたノリを採る原始的な方法でした。この頃から、深川や品川で採れるノリが、葛西ノリを凌ぐようになりました。品川浦で、ヒビ立て養殖を始めたためでした。

寛保二年（一七四二）八月一日、大風雨のため利根川が大洪水となり、江戸川、中川が氾濫、ノリの宿生源である貝殻が埋まり、ノリ生育地が大打撃を受けました。

寛延二年（一七四九）の「葛飾記」に、「名物葛西紫海苔、近年は少なし、寛保二年大水により絶へたり」と記載されています。

文政一〇年（一八二七）頃になって、ようやく葛西ノリがヒビ立て養殖を始めました。桑川、船堀、二之江、今井、長島などで行なわれました。

千葉県のノリ養殖は、江戸四ツ谷の海苔商人近江屋甚兵衛が文化末（一八一七）頃、行徳の浦を見て回りました。ところが当時は、行徳は製塩が盛んで、村人の協力が得られませんでした。そのため、南下して君津郡人見村地先の小糸川河口付近が適地と分かり、文政五年（一八二二）養殖に成功しました。

浦安町は、越中島地先海面をノリ養殖場として、明治一九年（一八八六）許可を得て、一万五〇〇〇坪のノリ養殖を始めました。

浦安での養殖は、明治二九年（一八九六）には六七名の規模になりました。その後、浦安地先海面もノリ養殖適地と判明し、明治三一年から漁業組合が試験養殖を始めました。

南行徳村初代村長川合七左衛門は、明治三〇年以後ノリ養殖の技術導入を図りました。試験的に養殖した結果、明治三三年（一九〇〇）一二月になってようやくノリができました。明治三五年、行徳町漁業組合、明治三六年、南行徳漁業組合が設立されました。南行徳漁業組合は、明治四二年（一九〇九）

一二月、浦安、船橋両漁業組合から七万坪の漁区を借り受けて、そのうちの三万坪で正式にノリ養殖を始めました。古来より、行徳沖の海面は船橋と浦安に押さえられ、行徳、南行徳は漁業権がありませんでした。もっぱら塩浜稼ぎだったからです。

昭和になってからもノリ養殖は続けられ、浦安の漁民が漁業権を放棄して埋め立てをした後も、行徳では現在も三番瀬を中心に生産されています。

行徳のノリは品質は上等で、入札では一番の高値がつきます。その行徳ノリの中でも江戸川の水ですいたノリは光沢もよく、最高値がつきました。

18 町村合併

行徳町が市川市に合併される

行徳町と南行徳町の市川市への合併に関しては、事態の進展を時系列で記述します。

昭和二七年（一九五二）六月二三日、浮谷市川市長、市議会で行徳町との合併に言及。

六月二七日、行徳町との合併に関する基礎資料調査のため、自治体合併調査特別委員会の設置を議決。

七月八日、市公民館に秋本行徳町長、猪瀬行徳町議会議長ほか全議員を招き、行徳町側の合併に関する意向を打診するため、初の懇談会を開催。

九月二六日、行徳町議会は合併調査特別委員会を設置。

一〇月六日、市川市、行徳町の合併に関する第一回合同調査委員会。

一〇月二二日、第二回合同調査委員会で行徳町地先海面の視察。

一二月二四日、江戸川放水路の川向こうの行徳町所在の北越製紙（株）市川工場、東京精鍛工所、日本鋼線、大東金属、理研電線、牛尾商店、酒悦の七工場が、市川市長、行徳町長に対し、市川市と行徳町の合併促進の陳情書を提出。

昭和二八年（一九五三）二月二八日、市川市行徳町合併合同委員会は、行徳町議会で合併が両者の利益であるとの結論を報告。

四月一五日、行徳町最後の町長選挙が行なわれ、合併反対の立場をとる松岡秀男氏が町長に当選。

六月一二日、千葉県が葛南三町（行徳、南行徳、浦安）に対して合併案を提示、行徳町は態度を保留。

八月二一日、浦安町役場で葛南三町合併協議会開催。

昭和二九年（一九五四）二月一二日、南行徳町役場で開かれた葛南三町合併協議会の席上で、県は再度、三町合併試案を提示。

二月二六日、川向こうの行徳町大洲在住の町民五一二名が、市川市との合併請願書を行徳町議会に提出。行徳町内の十七工場が市川市・行徳町合併促進工場連盟を結成し、行徳町議会に市川市との合併促進請願書を提出。

五月六日、川向こうの行徳町大和田在住の町民三六八名は、市川市行徳町合併促進請願書を行徳町議会に提出。

九月七日、千葉県地方事務所による葛南三町合併協議会、南行徳町役場で開催。

九月一〇日、市川市行徳町合併促進工場連盟、合併促進の要望書を行徳町合併特別調査委員会に提出。

九月二六日、行徳町議会、市川市との合併調査特別委員会設置を決定。

一〇月二日、行徳町合併特別調査委員会、葛南三町の合併より市川市との合併の方が有利であるとの調査報告書を作成。

一二月一一日、市川市と行徳町の合併調査特別委員会の合同協議会で、合併条件に関する具体案を概ね了承。

昭和三〇年（一九五五）一月八日、合併問題につき大洲地区を振り出しに、連夜、各地区で説明会開催。

二月二五日、行徳町、合併調査委員会を合併委員会に切り替え、各種団体長及び地区会長をもって合併委員会の諮問委員会を設置。

三月三日、行徳町大洲、大和田、稲荷木、河原各地区の有志代表、行徳町から分町して市川市に編入を希望する請願書を市川市に提出。

三月一一日、行徳町において市川市との合併に関する世論調査を実施。一三日の最終集計で賛成一二三六、反対七二七、その他一六八。

三月一四日、行徳町民有志による合併反対期成同盟、合併調査特別委員会に住民投票による合併決定を要求する嘆願書を提出。

三月一九日、行徳町において市川市との合併に関する全有権者の世論調査投票実施。投票総数四七七三、有効票四六三六、合併賛成二三四七、反対二二八九。開票立ち会い人、委任投票を巡り抗議、開票参観者数名が町長室に押しかける。行徳町長、合併問題での町内混乱の責任をとり辞表を提出。

三月二五日、行徳町議会、行徳町を廃し、市川市に編入する処分を知事に申請することについての議案、賛成一四、反対三、欠席二にて可決。

三月三一日、行徳町、市川市に合併。市川市役所支所設置条例により、行徳支所を設置。

南行徳町が市川市に編入される

昭和三〇年（一九五五）九月二七日、市議会は副議長を通じて、南行徳町との合併の意志のあることを南行徳町長、町議会議長に非公式に伝達。

一〇月一日、南行徳町議会に市川市、浦安町を対象とする合併促進委員会設置。南行徳中学校で第一回委員会を開催し専門委員会の設置を決定。

昭和三一年（一九五六）五月三〇日、南行徳町、第五回合併促進委員会で、市川市への編入合併を決定し、委員会を解散。

六月一三日、合併に関し、浮谷市川市長らが、南行徳全域を視察。

六月一四日、合併条件に関する要望書が南行徳町側でまとめられる。

九月一〇日、南行徳町議会、市川市への合併を賛成一五、反対一で可決。市川市臨時市議会、南行徳の市川市への合併編入を全員一致で可決し、県知事に南行徳町合併申請書を提出。

一〇月一日、南行徳町、市川市に合併編入。

大正九年（一九二〇）に完成した江戸川放水路は、行徳町を二つに分断しましたが、行徳町民の意識をも分断していたことも分かります。

江戸川放水路の南西地域の行徳・南行徳地区は、現在でも独立心旺盛な住民の住む土地でもあります。

19　海面埋め立て

市川市行徳、南行徳地先の海面（公有水面）の埋め立ては、行徳町が昭和三〇年（一九五五）三月三一日に、南行徳町が昭和三一年一〇月一日に市川市に合併、編入されたのちに計画が動き出しました。

計画は事業主体が市川市による埋め立て（既に完了）と、千葉県による京葉港市川地区土地造成事業（市川一期地区埋め立て事業だけは完了）とに分かれます。

市川市による埋め立ては、三四六万九七八四平方メートル（後掲）で、二俣新町、高谷新町（以上、江戸川向こう）、千鳥町、高浜町、本行徳、加藤新田となりました。

京葉港市川地区土地造成事業では一九四万四〇〇〇平方メートルで、塩浜一～四丁目となりました。

埋立事業の経緯

昭和三一年（一九五六）五月一一日、浮谷市長は、大市川市確立のための基本的事業計画のひとつとして、東京湾の埋め立てによる工場誘致の方針を市議会において打ち出し、昭和三一年度予算で行徳海岸開発費を計上。

一二月一四日、海面埋立予定地の行徳、上妙典、田尻、原木、二俣地先海岸の視察が、県の指導研究として、県河港課長らによって実施。

同日、二俣地先より妙典地先を結ぶ海面埋め立てについて、市の事業として免許を受けることが、市議会議員全員協議会において同意される。

昭和三二年（一九五七）一一月一日、市川市、京葉臨海工業地帯開発の一環として、第一次公有水面海面埋立事業の免許を受ける。特別会計七カ年継続事業。第一工区の二俣字新浜、原木字東片浜地先の六七万七〇九〇平方メートルは、昭和三八年一〇月一日に二俣新町として編入、第二工区の原木字西前浜、上妙典字巳新開地先の九一万七九五七平方メートルは、昭和三七年一〇月一日に高谷新町として編入、合計一五九万五〇四七平方メートル。

昭和三九年（一九六四）六月一一日、市川市、第二次公有水面埋立事業の免許を受ける。特別会計四カ年継続事業。儀兵衛新田字巽受、湊字東浜地先の埋め立て。昭和四一年（一九六六）一二月二七日に、千鳥町として三三万二五七五平方メートルを編入、本行徳字東浜として三三万四二〇〇平方メートルを編入。

昭和四一年（一九六六）四月二七日、東浜地先埋立事業の免許を受ける。特別会計三カ年継続事業。本行徳字東浜、加藤新田字沖場地先の一七万四一二九平方メートル。昭和四三年七月三〇日に高浜町として編入。

昭和四二年（一九六七）六月一九日、沖場地先埋立事業の免許を受ける。特別会計単年度事業。加藤新田字沖場地先の三万九九三一平方メートル。昭和四三年七月三〇日に、加藤新田字沖場として編入。

昭和四三年（一九六八）一二月二〇日、二俣新町、高谷新町に隣接する公有水面埋立地、それぞれ二俣新町、高谷新町に編入。

昭和四四年（一九六九）三月二八日、新たに生じた二俣新町に隣接する公有水面埋立地四九六平方メートルを二俣新町に編入。

同年三月三一日、京葉港市川地区土地造成事業免許を千葉県が取得、委託事業として市川市が施工。特別会計五カ年継続事業。本行徳字東浜、新井字墾ノ根地先の一九四万平方メートル。新町名は塩浜一～四丁目、後記の通り。

昭和四五年（一九七〇）九月一日、二俣新町二〇番地一に隣接する新たに生じた公有水面埋立地二二二平方メートルを二俣新町に編入。

昭和四六年（一九七一）三月二五日、高谷新町五番地三に隣接する公有水面埋立地九九万一二四五平方メートルを高谷新町に編入。同日、高谷新町二番地に隣接する公有水面埋立地三九〇平方メートルを高谷新町に編入、高浜町五、六、七番地に隣接する公有水面埋立地四四四・七二平方メートルを高浜町に編入。

同年九月二九日、二俣新町に隣接する公有水面埋立地一一〇四・三九平方メートルを二俣新町に編入。

昭和四八年（一九七三）一月一九日、千鳥町一二、一五番地に隣接する公有水面埋立地五二万

九一六五平方メートルを塩浜一丁目として編入。

昭和四八年（一九七三）一二月二四日、塩浜一丁目に隣接する公有水面埋立地九六万五八三九平方メートルを塩浜二丁目、三丁目、四丁目として編入。

20 土地区画整理

行徳、南行徳地域には八つの区画整理組合があり、合計五九九万九〇〇二平方メートルの区画整理をしました。

昭和三〇年代（一九五五〜）から、この地域は顕著な地盤沈下が見られました。原因は東京などでの無秩序な地下水汲み上げによるものでした。ひどいところでは一、二メートルもの沈下がありました。そのため、田畑は沼地となり、稲作や畑作が困難になりました。

また、地下鉄東西線の延長計画、県道バイパス計画などが報道されました。そのため、旧住宅地沿いの地域では、無秩序な開発が行なわれるようになりました。

そのような時、農家をはじめとする土地所有者は、この地域の起死回生を考え、公共施設及び環境の整備をし、住宅地としての将来に備えようと決意しました。こうして区画整理が実施されたのです。

以下に、各組合の概略を記します。

（一）南行徳第一土地区画整理組合

相之川四丁目一番の南行徳公園内に、記念碑が建立されています。

昭和三五年（一九六〇）二月、南行徳農業協同組合の総会で、南行徳一帯の土地改良を行なうことを決め、翌年、南行徳地区を三地区に分けて、土地区画整理事業をすることになりました。

昭和三七年に、新井、相之川、欠真間（一部）地区のため準備委員会を発足、同三九年には、地下鉄東西線のための用地買収も始まりました。

区画整理組合は、昭和四一年（一九六六）八月一二日認可され、昭和四八年（一九七三）六月二五日解散しました。

昭和四二年二月二〇日、起工式を実施しました。同四三年四月から、地下鉄東西線の東南部、現在の南行徳一～四丁目地域を海砂で埋め立てました。これを吹き上げといいました。なお、工事所要年数六年三ケ月、工事費二八億四六〇〇万円でした。施工面積は一七六万六六三三平方メートルでした。

昭和四四年（一九六九）三月二九日、地下鉄東西線開通、南行徳駅は昭和五六年（一九八一）三月に開設されました。

昭和四五年（一九七〇）一〇月二六日から保留地の売り出しを始め、二二回をもって終了しました。

南行徳第二土地区画整理組合記念碑（行徳駅前公園内）

昭和四八年（一九七三）二月二七日、換地計画に基づく所有権登記、同年三月二日、保留地所有権登記が完了しました。

記念碑には八五〇名に上る人名が刻まれています。

（二）南行徳第二土地区画整理組合

湊新田二丁目の行徳駅前公園内に、南行徳第二土地区画整理組合の記念碑が建立されています。「大地」と書かれた男性の裸像の裏側のプレートに、概要が記されています。

昭和三五年（一九六〇）二月、南行徳農業協同組合の総会で、南行徳一帯の土地改良を行なうことを決め、翌年、南行徳地区を三区に分けて土地区画整理事業をすることになりました。

欠真間（一部）、香取、湊新田、湊（一部）、押切（一部）地区の人たちは、昭和四一年（一九六六）

九月に設立準備委員会を結成し、昭和四三年（一九六八）三月三〇日、南行徳第二土地区画整理組合を設立、六年後の昭和四九年（一九七四）三月二七日に解散しました。工事施工面積八七万五三〇・六〇平方メートル、総事業費二三億一一〇〇万円でした。

この地区の南部一帯は、広大な調整区域がありましたが、平成一三年（二〇〇一）にそこは江戸川左岸流域第二終末処理場として整備されました。

南行徳第一土地区画整理組合とは、現在地名では欠真間、南行徳が地区境いになっています。また、南行徳第三土地区画整理組合とは、湊、行徳駅前二丁目、同四丁目、新浜一～三丁目が地区境いになっています。なお、この境界は、概ねかつての鴨場道が地境になっています。

また、隣接地区には新浜鴨場があり、近郊緑地特別保全地区設定問題、鳥獣保護区設置要望問題などの難問がありました。

（三）南行徳第三土地区画整理組合

南行徳第三土地区画整理組合記念碑は、行徳駅前一丁目一五番の南根公園内に建立されています。同組合は、昭和四一年（一九六六）八月二二日に設立されました。区画整理の施工面積は一〇四万二三五三平方メートルでした。

組合員は設立の時に二八八名、換地された時は五四五名に上りました。組合員の氏名は、すべて記念碑に刻まれています。

総事業費は五二億円でした。工事は昭和四一年（一九六六）一〇月一日に着工され、昭和五〇年（一九七五）三月三〇日に完成しました。

施行地区は、湊、押切、湊新田・伊勢宿・本行徳の一部です。詳しくは、次の通りです。
（イ）大字押切の字南根通、中根通、中沖通、飛地沖通、南沖通の全部の区域、字東根通、村下、東沖通、東浜の一部の区域、字東浜地先（国有地編入）の一部の区域
（ロ）大字湊の字東堰向、堰向、東根通、中根通、南場、中沖通、東沖通、立野、東浜通、南沖通、竜宮、行人の全部の区域、字道ノ上、堤外、東浜、西浜の一部の区域
（ハ）大字湊新田の字東沖通古田、野地、東沖通丑己、東沖通子、巽沖通亥の全部の区域、字巽沖通古浜の一部の区域
（ニ）大字伊勢宿の一部の区域
（ホ）大字関ケ島字仲通の一部の区域
（ヘ）大字本行徳字四割場、南場の一部の区域
なお、大字押切、湊、湊新田は旧南行徳町であり、伊勢宿、関ケ島、本行徳は旧行徳町の地名です。現在の住居表示では、イ～ハの区域が、湊三～六番、同一四番、一五番、押切一三～二一番、同一二番の一部、行徳駅前一～四丁目全域、新浜一丁目全域、入船の一部、日之出の一部に該当します。行徳駅は、旧湊の区域に駅舎が建っています。ニ～ヘの区域は、伊勢宿一三番、一四番、一八番の一部、末広

一丁目と二丁目の一部になっています。

（四）行徳土地区画整理組合

記念碑は、富浜三丁目一〇番の行徳中央公園内に建立されています。表面上部に「区画整理の碑」とあり、その下に碑文があります。裏面には、組合員の氏名が刻まれています。旧本行徳、関ケ島、押切、伊勢宿、下妙典、下新宿のそれぞれの一部の区域が施工されました。現在は、富浜の全域、本塩、関ケ島、伊勢宿、押切のそれぞれ一部の区域になっています。

この地域は、江戸川からおよそ五〇〇メートルのところにあり、標高が一〇～五〇センチの低湿地帯でした。農家は主として、水稲、蓮根、ネギなどを栽培していました。ところが地盤沈下が著しく、生産は年々低下したため農家の人たちは危機を感じました。土地所有者は、この地域の起死回生を真剣に考えた末に、区画整理に踏み切ったのでした。

組合設立認可　昭和四三年（一九六八）六月一二日
組合設立　昭和四三年（一九六八）七月一〇日
組合員数　二八六名
施行面積　五三万一二四〇平方メートル
総事業費　一七億一千万円

完成　昭和五〇年（一九七五）三月一〇日

（五）行徳北部土地区画整理組合

同組合は、河原、下新宿、本行徳および上妙典、下妙典の一部を施工しました。本行徳四番の寺町公園内に、記念碑はひっそりと佇んでいます。隣は徳願寺の境内になっていて、公園の木々とともにうっそうとした樹木を茂らせています。記念碑裏面の刻字には、次のようにあります。

設立認可　昭和四四年（一九六九）一二月一八日
組合設立　昭和四五年（一九七〇）一月二三日
組合員数　九五名
施工面積　一八万一六四二平方メートル
総事業費　七億二千万円
完成　昭和五〇年（一九七五）一〇月吉日

続いて役員、組合員の氏名が続きます（氏名略）。

組合役員　組合長田島金次以下二一名
組合員　本行徳一四名　下妙典　七名
　下新宿　七名　伊勢宿　一名

河　原一二名　関ケ島　一名
上妙典三〇名　北方町　一名
南四丁目一名　東京都　二名

となっています。行徳北部土地区画整理組合の中心勢力が、どの辺りの人たちであったのかよくわかります。

別に、事業完成記念碑碑文によれば、「今、ここに立ち、まぶたを閉じて往時を回想するとき今昔の感禁じ難く、万感胸に迫り言うべき言葉を知らない」と書かれています。

往古より塩田を開発し、近くは水田に変え、行徳水郷とまで呼ばれた東葛飾郡最大の穀倉地帯だった行徳の地を、住宅地に転換するという一大決心をしたのでした。それは行徳、南行徳地域すべてに共通する感慨でした。

施工後の地域は、河原と下新宿のバス通り際を除いたバイパスまでの区域の大部分、妙典一丁目一番の一部、二～八番、一二～一四番の一部、本行徳の徳願寺脇の一部です。

行徳北部土地区画整理組合記念碑は、昭和五〇年（一九七五）一〇月吉日に建立されました。

（六）行徳中部土地区画整理組合

記念碑は塩焼五丁目六番の、塩焼中央公園内に建立されています。深い木立の中に静かに佇んでいま

行徳中部土地区画整理組合記念碑（塩焼中央公園内）

す。記念碑の前に立つと、都会の喧騒を忘れるような静寂に包まれます。夏には、蝉の鳴き声がにぎやかです。

現在の町名では、塩焼の全域、末広二丁目、行徳駅前三丁目の一部になっています。旧地名は、本行徳の一部を中心に、儀兵衛新田、加藤新田ほか関ケ島、押切、湊の一部でした。

塩焼という町名は、江戸時代の製塩地に由来します。江戸時代からあった塩焼町という町名が住居表示で本塩に変わったので、由緒ある地名を残すために町名にしたのです。なお、本塩は「ほんしお」と読みますが、本行徳塩焼町の略字とも思えます。また、本塩とは「もとしお」であり、江戸時代初期から元禄の時代まで、行徳塩田の中心として栄えたことを表した呼称ともいえます。

組合認可年月日　昭和四六年（一九七一）一二月一日

組合創立年月日　昭和四六年（一九七一）一二月一七日
施工面積　七一万五六二一・〇七平方メートル
総事業費　三八億五一九〇万円
事業完成年月日　昭和五四年（一九七九）九月
役員　理事長秋本金一他一一名
総代四七名、評価員一〇名
組合員　四一七名

（七）行徳南部土地区画整理組合

市川市行徳南部土地区画整理組合事業完成記念碑が、幸二丁目四番の行徳南部公園内に建立されています。それは、公園の中央部分の開けたところにあります。「曙光　心を一つに新世の地域拓く　未来の栄にむかって翼け」と刻まれています。


昭和四三年（一九六八）区画整理事業計画発起人会を結成しました。

昭和四四年（一九六九）行徳南部土地区画整理組合準備委員会を設立しました。

昭和四五年（一九七〇）一〇月二二日、千葉県指令第二〇八八号で設立認可を得ました。

昭和四九年（一九七四）一二月、解散しました。

区画整理地総面積　三八万九五〇〇平方メートル
総事業費　二五億八千万円
組合員数　設立認可時一一〇名、仮換地指定時一三九名
埋立土量　約八五万立方メートル

行徳南部土地区画整理組合の施工した地域は、旧本行徳、儀兵衛新田、加藤新田地域でした。現在の町名は幸と宝で、入船と日之出の一部になっています。現在の加藤新田は海面埋立事業によって生じた土地が含まれています。

区画整理施工地は、その昔、塩田として製塩業が盛んでした。儀兵衛新田、加藤新田の名の通り、個人の資産家が拓いた塩田でした。しかし、時代の推移とともに、大正の初期より農耕地に転換し、大部分は水稲田と蓮根田となりました。一部は葦の生い茂る原野が点在する湿地帯になっていました。

（八）妙典土地区画整理組合

妙典六丁目一番の妙典公園内に「完成記念之碑」が建立されています。

事業認可　平成元年（一九八九）一月二四日
組合設立　平成元年二月九日
組合解散　平成一二年（二〇〇〇）一一月二一日

施行面積　五〇万四八三平方メートル
総事業費　一八九億一千万円
竣工　平成一一年（一九九九）三月

と刻まれています。また、組合員三一五名の氏名が記されています。

区画整理地は、妙典二丁目、同三丁目、上妙典、下妙典の区域でした。

21 旧町名、新町名

市川市に合併する前の、東葛飾郡の頃の町名の変遷は次の通りです。

（旧行徳町、昭和三〇年三月三一日合併、旧南行徳町、昭和三一年一〇月一日合併）

一．旧行徳町（江戸川上流域から記載）

（イ）江戸川放水路の北側（京葉道路がある側）……大和田、稲荷木、田尻、高谷、原木《ばらき》、二俣《ふたまた》。

（注）以上の地域は、現在一般に「行徳」と呼ばれる範囲からは除かれています。現在「行徳」とは、

営団地下鉄東西線の南行徳駅、行徳駅、妙典駅を含む江戸川放水路以南の地域を指します。なお、JR京葉線市川塩浜駅地域一帯も現在では行徳に含めています。

（ロ）江戸川放水路の南側（行徳支所がある側）……河原、下新宿、上妙典、下妙典、本行徳、本行徳塩焼町、関ケ島、伊勢宿、加藤新田、儀兵衛新田

二、現在の旧行徳町地域の新町名

（ロ）の江戸川放水路の南側部分についてのみ（江戸川上流域から記載）……河原、下新宿、妙典一～六丁目、本行徳、本塩《ほんしお》、関ケ島、伊勢宿、加藤新田、下妙典飛び地、本行徳飛び地。

（注）本塩は旧本行徳塩焼町のこと。

（ハ）区画整理でつけられた町名……富浜一～三丁目、塩焼一～五丁目、宝一～二丁目、幸一～二丁目、末広一～二丁目、入船、日之出

三、旧南行徳町（江戸川上流域から記載）

（ニ）押切《おしきり》、湊、湊新田、香取《かんどり》、欠真間、相之川《あいのかわ》、新井。

四．現在の旧南行徳町地域の新町名

（ホ）（ニ）に該当する地域……押切、湊、湊新田、香取一丁目、欠真間一丁目、相之川一丁目、新井一丁目、島尻（昭和三一年市川市への合併後に大字となる）。

（ヘ）区画整理でつけられた町名……行徳駅前一～四丁目、湊新田一～二丁目、香取二丁目、欠真間二丁目、相之川二～四丁目、新井二～三丁目、広尾一～二丁目、新浜一～二丁目、福栄一～四丁目、南行徳一～四丁目。

五．埋立事業による新町名

（ト）高浜町、千鳥町、新浜三丁目、塩浜一～四丁目。

22 地盤沈下

昭和三〇年代（一九五五～）は、地盤沈下の時代でした。

二万年前、現在より一二〇メートルも海面が低かった頃、古東京川と名づけられた大河が太平洋へ注いでいました。行徳の地下に、行徳谷と呼ばれる深さ三〇～五〇メートルの険しい谷が埋もれています。氷河期が終わり、海面が上昇して、関東平野の奥深くまで海になり、侵食された土その他が、海底になった行徳谷を埋めました。行徳はそのような土地の上にあるのです。

行徳谷の上流にあたる東京や埼玉で、地下水を大量に汲み上げました。そのため、地盤を支えていた地下水が不足して、地盤沈下が起きたのです。谷筋とそれ以外とでは、沈下の量が異なりました。地下水の汲み上げを規制したところ、地盤沈下は治まったので、主要な原因が人災だったことは明らかです。

伊勢宿から欠真間にかけての行徳街道は、大きく波打ちました。護岸堤防に亀裂ができたり、鉄筋コンクリートの建物は階段を付け足すありさまでした。香取の源心寺では、墓石が埋まってしまいました。田畑は沼のようになり、農民が区画整理を決断する原因の一つにもなりました。

千葉県は昭和三八年（一九六三）から、市川市内七〇地点の精密水準測量を実施、平成九年（一九九七）までの三四年間で、福栄四丁目の福栄公園では、地盤沈下累積量は二〇一・五センチ、香取一丁目の源心寺では一〇七・二センチ、妙典の東西線操車場では六四・八センチを記録しました。

昭和五六年（一九八一）からは沈静化していて、現在は地盤沈下は見られません。

行徳沖の埋立地の地盤沈下は、地下水汲み上げによる内陸部の沈下とは別の原因です。軟弱な海底に大量の土砂を乗せて埋め立てたので、その重みのために、かつての海底部分の地盤が圧縮されて沈下が起こるのです。

23　学校

行徳は教育先進地だった

明治四年（一八七一）七月一八日、文部省が設置され、翌年八月三日太政官布告をもって学制が公布されました。それは「村に不学の戸なく、家に不学の人なからしめんことを期す」というものでした。当時、行徳、南行徳が属した印旛県は「私宅等ニ於テ教授セシメル寺子屋」などの廃止を布達しました。

当時の市川市区域では、私塾一〇、算学塾一があり、行徳七、中山一、八幡一、真間一、菅野一でした。ただしこの統計には、南行徳地域の私塾（寺子屋等）が含まれていませんので、実数はもっと多いと思われます。本行徳を中心に、幕府直轄領の宿場町として賑わいましたので、文化的にも先進地だったのです。

小学校は人口約六〇〇人に一校とし、満六歳から一四歳まで上下四年ずつとされました。明治一九年（一八八六）三月、小学校令が公布され、尋常小学校四年が義務教育、高等小学校四年は希望入学とされました。

行徳地域での学制の実施状況

明治六年（一八七三）二月一六日、徳願寺を仮校舎として行徳小学校を設立（生徒数男八三、女五五、計一三八）。同月中に原木村妙行寺に行徳小学校原木分校（のち原木小学校として独立）を設立。

同年三月一五日に行徳小学校欠真間分校を源心寺に仮設。同年一〇月に欠真間分校は拡智小学校として独立。

同年一二月一七日、湊小学校（生徒数男三六、女一六、計五二）を、湊村法伝寺を仮教場として開校。

明治七年（一八七四）七月二五日、新井村延命寺内に新井小学校を設立（生徒数男三四、女一三、計四七）。

同年一〇月、拡智小学校は欠真間小学校と改称（生徒数男三五、女一五、計五〇）。

明治八年（一八七五）、河原小学校を設立（生徒数男三七、女一七、計五四）。

明治一一年（一八七八）六月、湊、欠真間、新井の三小学校が合併して欠真間小学校となりました。ただし、湊と新井の両校は付属として存続。新井校は大正六年頃まで延命寺にありました。

明治一八年（一八八五）二月、行徳小学校校舎新築。本行徳四丁目バス停そばの「山田屋」という宿屋を改築した建物でした。

明治一九年（一八八六）三月、小学校令公布。尋常・高等小学校に分け、尋常小学校四年を義務教育としました。

明治二〇年（一八八七）四月一日、行徳町の高谷・原木両小学校を併合して、高谷尋常小学校設置。

明治二二年（一八八九）三月、欠真間小学校を陽徳尋常小学校、湊小学校を明徳尋常小学校と改称。陽徳尋常小学校は、現在の南行徳図書館（相之川一丁目四番）のところにありました。

明治二三年（一八九〇）四月、行徳高等小学校設立。

明治二七年（一八九四）、下妙典村にあった妙典小学校と河原小学校が合併して六合尋常小学校となりました。

明治三六年（一九〇三）五月一日、新井尋常小学校を陽徳尋常小学校に合併（「市川市史年表」）。

明治四一年（一九〇八）四月一日、修業年限を尋常科六年、高等科二年に改め、義務教育年限が六年に延長されました。同月、行徳尋常小学校と行徳高等小学校が合併して、行徳尋常高等小学校となりました。

大正五年（一九一六）四月四日、行徳町の信篤尋常小学校に高等科を併設。同月一六日、六合尋常小学校が行徳尋常高等小学校へ合併し、稲荷木地区に分教場を設置。

大正六年（一九一七）一〇月一日、大津波起こる。行徳、信篤の小学校校舎が倒壊、陽徳、明徳の小学校校舎が破壊されて授業に支障を生じました。

大正八年（一九一九）、行徳尋常高等小学校校舎新築。現在、本行徳一二番の本行徳公民館のある場所。

大正九年（一九二〇）四月、陽徳、明徳両尋常小学校が統合されて、南行徳尋常小学校となりました。

大正一〇年（一九二一）三月三一日、南行徳尋常小学校に高等科が設けられて、尋常高等小学校となりました。

大正一一年（一九二二）七月、南行徳尋常高等小学校、総建坪四五一坪の二階建ての総合校舎を落成。この年、欠真間一丁目六番の現在地に移りました。

大正一三年（一九二四）四月、南行徳尋常高等小学校付属幼稚園開設。

昭和四年（一九二九）、この年、南行徳村の尋常小学校卒業者一〇三、行徳町の尋常小学校卒業者一四五。

昭和二二年（一九四七）五月一〇日、行徳中学校と南行徳中学校がそれぞれ六・三制の新制中学校として開校されました。南行徳中学校は、小学校敷地内に開校しました。

昭和二三年（一九四八）一〇月、南行徳小学校で学校給食が始まりました。

昭和三一年（一九五六）五月一〇日、行徳小学校新築落成式が挙行されました（着工は昭和二九年）。

昭和三四年（一九五九）七月二日、行徳小学校にプール設置。

昭和三七年（一九六二）四月一日、第七中学校が創立されました。

昭和三八年（一九六三）九月一四日、第七中学校の統一校舎が落成し、開校されました。これにより、行徳、南行徳両中学校は統合されました。

昭和四八年（一九七三）二月一五日、行徳小学校創立一〇〇周年記念式典挙行。同年一〇月九日、南行徳小学校創立一〇〇周年記念式典挙行。

昭和四九年（一九七四）、県立行徳高等学校が開校。
昭和五〇年（一九七五）四月、新浜小学校が開校。
昭和五三年（一九七八）四月、富美浜小学校が開校。
昭和五四年（一九七九）四月、幸小学校、福栄中学校が開校。
昭和五五年（一九八〇）四月一日、新井小学校開校、南新浜小学校が開校。
昭和五六年（一九八一）四月、塩焼小学校、塩浜小学校が開校。
昭和五七年（一九八二）四月、塩浜中学校が開校。
昭和六〇年（一九八五）四月、南行徳中学校、福栄小学校が開校。
昭和六一年（一九八六）四月、妙典中学校が開校。
平成一一年（一九九九）四月一日、妙典小学校が開校。

行徳小学校の沿革

行徳小学校は、行徳、南行徳地域で最も古い学校です。

明治六年（一八七三）二月一六日、行徳小学校は、徳願寺を仮校舎として設立されました。生徒数男八三名、女五五名、合計一三八名でした。同年二月中、原木村妙行寺に、行徳小学校原木分校が開設。のちに原木小学校として独立しました。

明治六年（一八七三）三月一五日、行徳小学校欠真間分校を、源心寺を仮教場として設立しました。欠真間分校は同年一〇月に拡智小学校として独立しました。

明治一八年（一八八五）二月、行徳小学校校舎新築。本行徳三四番付近の四丁目バス停近くの「山田屋」という宿屋を改築しました。常夜灯が奥の江戸川堤にありました。

明治一九年（一八八六）三月、行徳尋常小学校と改称しました。

明治二三年（一八九〇）四月、行徳高等小学校設立。尋常小学校を増築してあてました。

明治二四年（一八九一）四月、行徳高等小学校は、行徳町、南行徳村、浦安町三カ町村の組合立になりました。

明治二七年（一八九四）一二月、組合立を解消して、行徳尋常高等小学校となりました。

明治三五年（一九〇二）九月、行徳尋常小学校、同高等学校とに分かれました。

明治四一年（一九〇八）三月、再び行徳尋常高等小学校になりました。

大正六年（一九一七）一〇月一日、大津波のため校舎が倒壊しました。

大正八年（一九一九）三月、行徳尋常高等小学校新校舎建設、本行徳一二番の本行徳公民館のある場所でした。児童数八六五名でした。

大正一二年（一九二三）九月一日、関東大地震で校庭に割れ目ができました。

昭和一六年（一九四一）四月、行徳国民学校と改称しました。戦争が終わるまでの間に、爆撃により講堂が半分ほど壊れました。

昭和二二年（一九四七）四月、行徳町立行徳小学校と改称しました。同年一〇月、行徳小学校ＰＴＡがつくられました。

昭和二三年（一九四八）、粉ミルクを使った給食が始まりました。

昭和二六年（一九五一）、児童数は一一九二名でした。

昭和二九年（一九五四）三月、富浜一丁目一番の土地の埋め立てを始めました。一一月、校歌が制定されました。

昭和三〇年（一九五五）三月、市川市立行徳小学校と改称しました。

昭和三一年（一九五六）四月、稲荷木分校が独立して市川市立稲荷木小学校になりました。同年一〇月、行徳小学校新校舎落成式を挙行、移転が完了しました。児童数は一〇五二名でした。

昭和三八年（一九六三）一一月、創立九〇周年記念式典が挙行されました。

昭和四八年（一九七三）二月一五日、創立一〇〇周年記念式典が挙行されました。

南行徳小学校の沿革

南行徳小学校は、旧南行徳町の唯一の小学校として、区画整理が実施されるまで大きな役割を果たして来ました。通学していた児童の居住区域は、押切、湊、湊新田、香取、欠真間、相之川、新井の七つの大字でした。運動会には、七集落の保護者による集落対抗リレーなどが盛んに行なわれました。各学年三～四クラス編成でした。戦後は小学校敷地内に中学校があり、ほとんどの生徒は南行徳中学校に進学しました。

明治六年（一八七三）三月一五日、行徳小学校欠真間分校として源心寺に開校されました。同年一〇月、欠真間分校は拡智小学校と名称を変えて独立しました。

明治七年（一八七四）一〇月、拡智小学校を欠真間小学校と改称しました。この年の生徒数は男子三五名、女子一五名でした。

明治一一年（一八七八）六月、湊、欠真間、新井の三つの小学校が合併して欠真間小学校となりました。なお、湊と新井は付属校として存続しました。校舎が狭かったからです。

明治一四年（一八八一）三月、香取に大火があり、源心寺とともに欠真間小学校も焼失しました。そのため、相之川の小川市兵衛家の塩蔵で授業をしました。当時これを塩蔵学校と呼んでいました。

明治二二年（一八八九）三月、欠真間小学校が陽徳尋常小学校と改称されました。このときの校舎は、相之川一丁目一番の南行徳図書館がある場所にありました。このとき、欠真間小学校の付属だった湊小学校が明徳尋常小学校と改称しました。

大正六年（一九一七）一〇月一日未明に大津波が発生し、陽徳尋常小学校校舎が破壊されて授業に支障が出ました。

大正九年（一九二〇）四月、陽徳、明徳両尋常小学校が統合されて、南行徳尋常小学校と改称されました。

大正一〇年（一九二一）三月三一日、南行徳尋常小学校に高等科が設けられて、南行徳尋常高等小学校となりました。修業年限は尋常科六年（義務教育）、高等科二年でした。

大正一一年（一九二二）七月、南行徳尋常高等小学校、総建坪四五一坪の木造二階建ての総合校舎が、欠真間一丁目六番の現在地に完成しました。この年、新校舎に移りました。

昭和四年（一九二九）、この年の尋常科卒業生は一〇三名でした。

昭和二二年（一九四七）五月一〇日、六・三制の中学校として新制の南行徳中学校が開校されました。校舎は南行徳小学校敷地内に建設されました。

昭和二三年（一九四八）一〇月、南行徳小学校で学校給食が始まりました。

昭和四八年（一九七三）一〇月九日、南行徳小学校創立一〇〇周年を迎えました。

昭和五〇年（一九七五）四月、新浜小学校を分離しました。

昭和五三年（一九七八）四月、富美浜小学校を分離しました。

昭和五五年（一九八〇）四月、新井小学校を分離しました。

平成五年（一九九三）一〇月九日、南行徳小学校創立一二〇周年を迎えました。

湊小学校の沿革

明治六年（一八七三）一二月一七日、湊村の法伝寺を仮教場として、湊小学校が開校されました。生徒数は男三二、女一六、合計四八名でした。

明治一一年（一八七八）六月、湊小学校は、新井小学校とともに拡智小学校（元欠真間小学校）に合併されて欠真間小学校となりました。ところが学校が狭くて、湊と新井の学校は分校として、それまでと同じ場所で授業を続けていました。

明治二二年（一八八九）三月、湊分校は明徳尋常小学校となりました。学制一〇〇年記念「明徳尋常小学校開校旧跡の碑」明徳友の会、と刻まれた記念碑が、法伝寺境内に建立されています。発起人二三名により、昭和五〇年（一九七五）五月に建てられました。

大正九年（一九二〇）四月、陽徳尋常小学校（元の欠真間小学校）と統合されて南行徳尋常小学校と改称されました。

大正一〇年（一九二一）三月三一日、南行徳尋常高等小学校になりました。

大正一一年（一九二二）七月、欠真間一丁目六番の現在地に、新校舎が落成し移転しました。

昭和二二年（一九四七）五月一〇日、六・三制の施行により南行徳小学校となり現在に至っています。

明治維新以来、習字の手習いのみの弊習が脱せられないところ、副戸長川合七左衛門が、小学の緊要なることを信じて、自らの子を欠真間小学校へ就学させるとともに、百方手を尽くして勧誘し、数カ月をして三〇名の生徒を集めました。湊、湊新田は僻小の地であり、学費もまったく不足していたにもかかわらず、学区取締加藤総右衛門の計らいにより解決できたのでした。

新井小学校

新井小学校の沿革

昭和五五年（一九八〇）四月一日に新井小学校が開校しました。南行徳小学校から分離し、富美浜小学校からの児童も移籍して、普通教室二四、特別教室・管理室七、全一七クラス、生徒数六三九名、教職員三〇名でした。

平成元年（一九八九）一一月一一日、創立一〇周年記念式典挙行。二二学級、生徒数七七〇名でした。

新井小学校が新井の地に設立されたのは、明治七年（一八七四）でした。それを創立日とすれば、大変歴史のある学校なのです。歴史を振り返ってみましょう。

明治七年（一八七四）七月二五日、新井村延命寺内に新井小学校が設立されました。生徒数男三四、女一三、計四七名、教員一名でした。地元の人たちが資金を出して開校し、「お寺の学校」といわれていました。学校の創設者は、新井村で代々名主を務めてきた鈴木清兵衛でした。修学年限は六歳から一三歳までで、下等四年、上等四年でした。翌年からは一四歳までになりました。

明治一一年（一八七八）六月、新井小学校、欠真間小学校、湊小学校が合併されて欠真間小学校になりました。新井小学校は、延命寺でそのまま授業を続けました。

明治一九年（一八八六）三月、小学校令が公布され、尋常小学校と高等小学校に分け、尋常小学校四年を義務教育、高等小学校四年を希望入学としました。

明治二二年（一八八九）三月、欠真間小学校を陽徳尋常小学校、湊小学校を明徳尋常小学校と改称しました。

明治三六年（一九〇三）五月一日、新井尋常小学校を陽徳尋常小学校に合併しました（「市川市史年表」）。

明治四一年（一九〇八）四月一日、修業年限が尋常科六年、高等科二年となり、義務教育年限が六年となりました。

大正三年（一九一四）五月、陽徳尋常小学校校舎の工事が落成しました。延命寺にあった新井校はこの頃まで授業を続けていたようです。

大正六年（一九一七）一〇月一日、大津波が発生し、陽徳尋常小学校校舎が壊れて授業に支障が出ました。

大正九年（一九二〇）四月、陽徳、明徳両尋常小学校統合、南行徳尋常小学校になりました。

大正一〇年（一九二一）三月三一日、南行徳尋常小学校に高等科が設けられて、南行徳尋常高等小学校になりました。翌年の七月に欠真間一丁目六番の現在地に校舎が移転しました。

昭和二二年（一九四七）五月一〇日、教育基本法・学校教育法により義務教育九年とされ、南行徳町立南行徳小学校になりました。

昭和五五年（一九八〇）四月一日、新井小学校が分離して設立されました。

24 寺町

行徳、南行徳地域には、現在、寺が二九カ所、神社が一七カ所あります。

「行徳・浦安三三ヵ所観音札所巡り」の寺は、行徳、南行徳地域では、現在は二〇カ寺になっています。日蓮宗についてはは札所巡りはしません。そのお寺が九カ寺あります。神社については、個人がお祀りしているものを含めるともっと多くなります。

二九カ寺の所在別分類をすると、本行徳一四カ寺（すでに五カ寺廃寺）、湊三カ寺、妙典二カ寺、河原二カ寺（すでに一カ寺廃寺）、新井二カ寺、下新宿一カ寺、関ケ島一カ寺（すでに一カ寺廃寺）、伊勢宿一カ寺、押切一カ寺、香取一カ寺、相之川一カ寺となっています。

戸数千軒、寺百軒

行徳は、江戸時代に「戸数千軒、寺百軒」といわれた地域です。特に、本行徳は「行徳の母郷」といわれたほどです。

本行徳には、近代になって吸収されたりして廃寺になった寺を含めると、江戸時代には一九カ寺もあったことになります。本行徳が寺町と別称される所以です。また、「寺町とは一丁目横町をいう」と「葛飾誌略」にあります。寺町通りとは、現在では徳願寺門前の一方通行の道路をいいます。

文化七年（一八一〇）当時の本行徳村は、「家数三〇〇軒余、町並み、南北三九四間（約七〇〇メートル）、東西一一〇間（約二〇〇メートル）平均」と「葛飾誌略」にあります。たったこれだけの狭い地域に一九カ寺もあったのですから、「戸数千軒、寺百軒」もあながち誇張に過ぎないともいいきれません。これだけの寺と神社を包括できる土地ということは、経済的にもかなり豊かな土地だったからに違いありません。それは、徳川幕府の塩業保護政策、行徳船の独占権の恩恵もあったからなのです。本行徳を中心とする行徳地域は、文化的にも先進地域だったのです。

次に、江戸川を北限として、北から南へ寺院を挙げてみます。

浄土宗　聖中山正源寺　河原三—六
真言宗　不動山養福院　河原一六—二二
浄土宗　十方山大徳寺　下新宿五—一三

日蓮宗　妙栄山妙好寺　妙典一―一一―一〇
日蓮宗　顕本山清寿寺　妙典三―六―一二
浄土宗　海巌山徳願寺　本行徳五―二二
日蓮宗　正国山妙応寺　本行徳二―一―八
日蓮宗　真光山妙頂寺　本行徳二―八
日蓮宗　題目山常運寺　本行徳六―三
臨済宗　塩場山長松寺　本行徳八―五
真言宗　神明山自性院　本行徳一―一〇
浄土宗　真宝山法泉寺　本行徳七―二二
浄土真宗　仏性山法善寺　本塩一―二五
日蓮宗　正覚山妙覚寺　本行徳一五―二〇
日蓮宗　海近山円頓寺　本行徳一六―二〇
浄土宗　飯沢山浄閑寺　本行徳二三―三四
日蓮宗　法順山正讃寺　本行徳二三―二九
日蓮宗　照徳山本久寺　本行徳二四―一八
浄土宗　正覚山教信寺　本行徳三八―一八
真言宗　関東山徳蔵寺　関ケ島八―一〇

浄土宗　松柏山清岸寺　伊勢宿四―八
浄土宗　来迎山光林寺　押切一二―二〇
浄土宗　仏法山法伝寺　湊七―一
真言宗　水奏山圓明院　湊一一―二一
浄土宗　青暘山善照寺　湊一八―二〇
浄土宗　西光山源心寺　香取一―一六―二六
浄土真宗　親縁山了善寺　相之川二―一二―二八
曹洞宗　秋葉山新井寺　新井一―九―一
真言宗　宝珠山延命寺　新井一―九―二

25　行徳札所とご詠歌

札所とは、三三カ所または八八カ所などの霊場をいいます。また、巡拝者が参詣のしるしとして、札を納める寺堂をいいます。

元禄三年（一六九〇）、徳願寺十世覚誉上人が奔走して、行徳札所が始まりました。いまは江戸川放水路によって分断されていますが、浦安、南行徳、行徳、船橋などに三三カ所の札所が設けられました。なお、元禄三年という年は、行徳船津が新河岸に移された年でもあります。祭礼河岸も押切の現在地に移っています。

行徳札所巡りは、昭和五九年（一九八四）に「行徳郷土懇話会」によって復活されました。札所には、日蓮宗は含まれていません。廃寺、合併、無住のお寺もあります。ここでは「葛飾記」に載っているものを紹介します。

第一番　海巌山徳願寺（浄土宗）　本行徳五―二二
後のよをねがふ心は有がたや　まいる我身の徳願寺かな

第二番　行徳山福泉寺　二俣七―七―四（元の二番は行徳山金剛院といいます）
かぎりなき法の教へはふくぜん寺　つきぬ宝をとるこころせよ

第三番　塩場山長松寺（臨済宗）　本行徳八―五
長き夜のねぶりをさます松風の　みてらへ参る身こそやすけれ

第四番　神明山自性院（真言宗）　本行徳一―一〇
我思ふ心の玉はみかかしを　たのむ仏のてらすなりけり

第五番　十方山大徳寺（浄土宗）　下新宿五―一三
たぐひなき仏の道の大徳じ　もらさですくふ誓ひたのもし

第六番　浄林寺（浄土宗）（廃寺）　河原

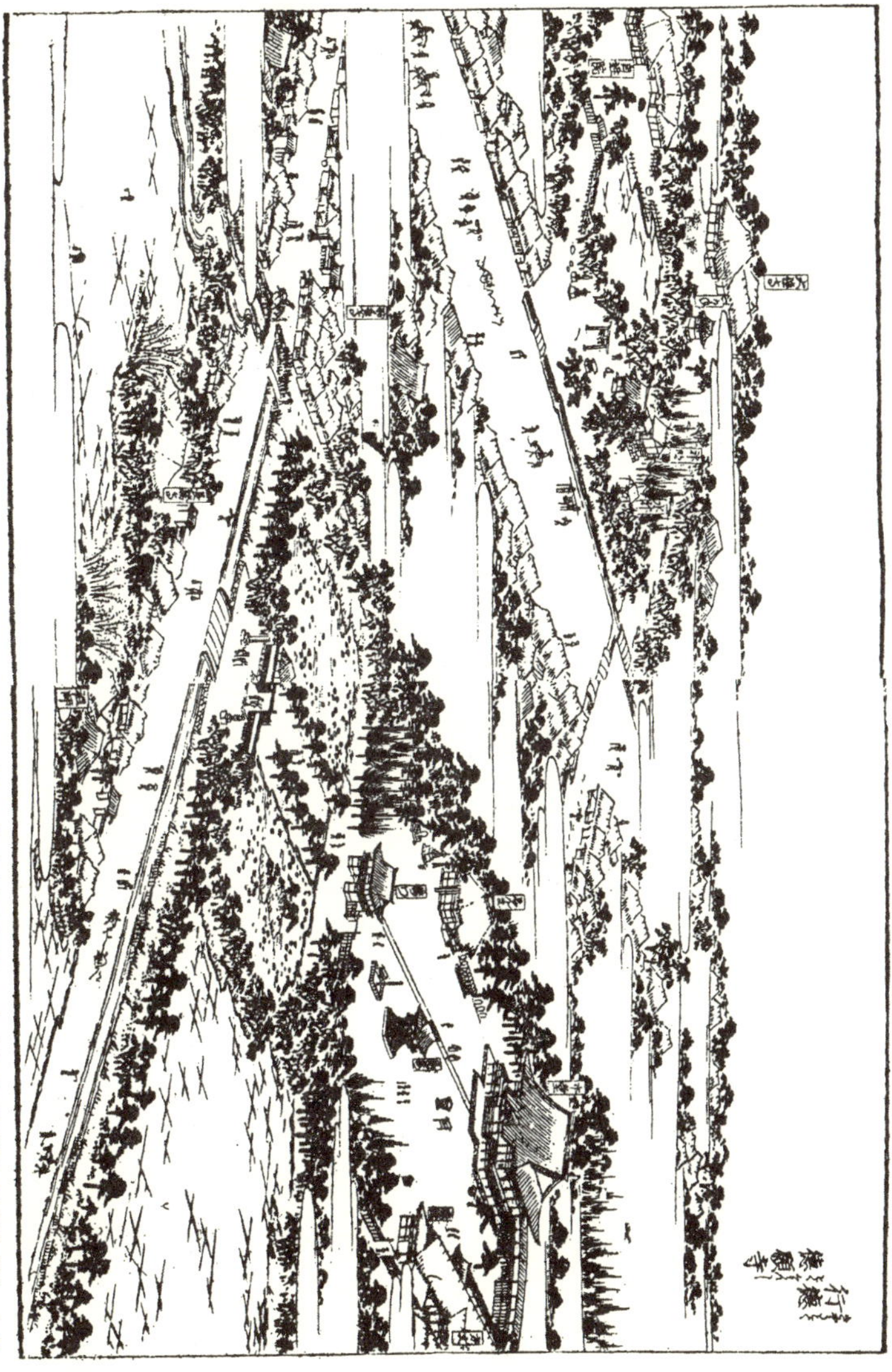

行徳徳願寺　「行徳レポートその(1)―年表絵地図集―」（市立市川歴史博物館）より

あなたふところに浄土のはやし寺　風もみのりのひびきなるらん

第七番　聖中山正源寺（浄土宗）　河原三―六

みなかみにたてればまさに源との　流れをおくる寺のいにしへ

第八番　不動山養福院（真言宗）　河原一六―二二

頼みあるちかひは常にやしなひの　参る心にさいはひの寺

第九番　竜灯山竜厳寺（真言宗）　雙輪寺に合併

ふりくだる大ひの雨のりうごんじ　世をあはれみの道のさまざま

第一〇番　稲荷山福王寺（真言宗）　雙輪寺となる

雙輪寺（真言宗）　稲荷木三―一〇―二

はるばるとはこぶこころは水かみに　あまねきかとのふく王寺かな

第一一番　海中山了極寺（浄土宗）　高谷二―一六―四

さとり得てきわむる道をきくのりの　たよりとなりてたのむ後のよ

第一二番　海岸山安養寺（真言宗）　高谷二―一六―三五

目のまへにまゐりてたのむごくらくの　しるべをここに安やうじかな

第一三番　真宝山法泉寺（浄土宗）　本行徳七―二二

しなじなに仏ののりのいづみ寺　つきぬや浜のまさごなるらん

第一四番　仏性山法善寺（浄土真宗西本願寺派）　本塩一―二五

法によく頼みをかけてひたすらに　ねがへば罪も消てこそゆけ
第一五番　飯沢山浄閑寺（浄土宗）　本行徳二三―三四
こけの露かがやく庭の浄がんじ　るりのいさごのひかりなりけり
第一六番　仏貼山信楽寺（浄土宗）現在教信寺
ひとすじにまことをねがふ人はただ　やすく生るる道とこそなれ
第一七番　正覚山教善寺（浄土宗）現在教信寺
おしなべてよきを教ゆるみ仏の　ちかひに誰も道はまよはじ
第一八番　正覚山教信寺（浄土宗）　本行徳三八―一八
□□□□□仏のたねをうへぬれば　くちぬ宝を身にぞおさむる
第一九番　医王山宝性寺（真言宗）（廃寺）徳蔵寺に吸収
よを秋のみのりのとくをおさめつつ　ゆたかにのちのよをばすぐべし
第二〇番　関東山徳蔵寺（真言宗）　関ケ島八―一〇
只たのめ誓ひのふねにのりをゑて　やすくもいたる清がんじ哉
第二一番　松柏山清岸寺（浄土宗）　伊勢宿四―八
みほとけにあゆみをはこぶ後のよは　ひかるはやしのむらさきの雲
第二二番　来迎山光林寺（浄土宗）　押切一二―二〇
　　　　　仏法山法伝寺（浄土宗）　湊七―一

今よりはのちはまよはじ法のみち　つたふおてらへまいる身なれば

第二三番　水奏山圓明院（真言宗）　湊一一―二一

有りがたや月日の影ともろともに　身は明かになるぞうれしき

第二四番　青暘山善照寺（浄土宗）　湊一八―二〇

あはれみの大慈大悲のちかひには　もらさでよよぞてらす寺かな

第二五番　西光山源心寺（浄土宗）　香取一―一六―二六

みなもとの清きながれをこころにて　にごる我身もすみよかりけり

第二六番　親縁山了善寺（浄土真宗）　相之川二―一二―二八

まよひにし心もはれてさとるべし　よき教へとぞたのむ我身は

第二七番　秋葉山新井寺（曹洞宗）　新井一―九―一

いさぎよきあらゐにやどる月かげの　誓ひはいつもあらたなりけり

第二八番　宝珠山延命寺（真言宗）　新井一―九―二

そのかみのそそぎし菊のながれとも　はこぶかさしのゑん命じかな

第二九番　東海山善福寺（真言宗）　浦安市当代島

徳のもとむかしやうへしたねならむ　くちせぬはよきさいわひのてら

第三〇番　海照山華蔵院（真言宗）　浦安市猫実

「葛飾誌略」その他では花蔵院とあります。

第三一番　医王山東学寺（真言宗）　浦安市堀江
浪の花晴れておさまる海やまの　ながめはひろき此寺の庭
ふだらくや南のきしを見わたせば　誓ひもうみもふかき浦なみ

第三二番　清滝山宝城院（真言宗）　浦安市堀江
参り来て頼むたからのしろの寺　木くさのいろも浄どなるらん

第三三番　光縁山大蓮寺（浄土宗）　浦安市堀江
もちむかへ給ひしみねの大蓮寺　花のうてなにやどるしゅんれい

三三所之外　藤原観音堂　船橋市法典
たのもしやめぐりおさめしくわんぜおん　二世あんらくといのる心は

26 日露戦争記念碑

日露戦争に従軍した市川出身の兵士は四〇一名、戦病死者は四一名、そのうち、南行徳村出身者七名、行徳町出身者九名でした。

南行徳村の七名中三名は松樹山の戦闘で戦死、一名は奉天大会戦で負傷し死亡、他は病院に収容され死亡しています。
廃兵（傷痍軍人）は、南行徳三名、行徳二名、大柏二名、市川二名の計九名でした。負傷の内訳は、連絡任務中凍傷、眼球負傷による失明、戦闘中右肘その他に銃弾貫通などでした。

（一）熊野神社

新井一丁目（旧新井）九番の熊野神社境内に、元帥侯爵大山巖書の日露戦争記念碑が建っています。明治三九年（一九〇六）五月に、新井集落によって建立された記念碑には、一九名の出征軍士の氏名が刻まれています。戦死者は一名、故中山安太郎、於清国盛京省松樹山、戦死となっています。なお、故宮崎榮五郎が日清戦役従軍帰郷後病死として、日清戦争従軍者一名の氏名も刻まれています。

新井集落の出征軍士……中村安太郎（戦死）、宮崎僖市、中村清太郎、宮崎幸太郎、吉堅仁助、宮崎鉄五郎、峰﨑賢亮、峰﨑由之助、鈴木浦藏、鈴木健吉、水野善太郎、田中豊吉、及川菊松、鞠子三吉、宮﨑蕪吉、宮﨑平蔵、峰﨑長四郎、鞠子榮吉、山澤春吉。日清戦役出征宮﨑榮五郎（病死）

（二）八幡神社

妙典一丁目（旧上妙典）一一番の八幡神社境内に、「希典書」（陸軍大将乃木希典のこと）の明治三七、八年戦役記念碑が建立されています。明治三九年（一九〇六）六月に、上妙典有志者によって建立された記念碑には、従軍者として一五名の氏名が刻まれていますが、戦死者等の文字はありません。

上妙典村従軍者……奥田安五郎、藤原善吉、本田丑藏、田島常吉、清水藤助、田島毎良、田島福太郎、藤原正三郎、髙橋文吉、田島岩吉、田島銀太郎、及川篠吉、宍倉倉吉、福原福太郎、石川常吉

熊野神社の日露戦争記念碑

（三）胡録神社

関ケ島五番の胡録神社境内に、若者中外有志者建立の日露戦争従軍の碑があります。従軍者として、以下の一二名のお名前が刻まれています。戦病死者等の文字はありません。

田中六藏、澁谷伊之助、平田清藏、秋本新太郎、関口喜太郎、宇田川三五郎、齋田石五郎、齋田峯次郎、柴田善次郎、秋本慶次郎、鈴木辰五郎、澤路芳藏

（四）源心寺

香取一丁目一六番の源心寺境内に、「希典書」による記念碑があります。明治三九年（一九〇六）五月一五日に、押切、湊、湊新田、香取、欠真間、相之川の六カ村により建立されました。

記念碑には、殉難者六名、出征軍人五二名、戦役召集在営軍人一〇名の氏名が刻まれています。お名前は次の通りです。

殉難者……石田權次郎、田恥虎次郎、田恥太四郎、淺田萬次郎、近藤省三、小川與五郎

出征軍人……川合與七郎、石田彌五郎、関口彦五郎、小川傳次郎、橋本熊造、今井留蔵、秋山秋太郎、金子菊松、田中忠吉、宮方嘉右衛門、田所要蔵、田中吉五郎、片岡元吉、矢島定吉、遠藤豊吉、荒井又五郎、岡田久松、小山島蔵、森川勘蔵、長谷川富次郎、齋藤君蔵、瀧川清次郎、加納森蔵、青山留吉、齋藤寅吉、齋藤藤八、竹内與助、秋元鶴三郎、矢島喜太郎、藤松音次郎、宮田辰五郎、遠藤長太郎、髙橋粂松、松原與七、田所吉蔵、永井包吉、近藤新次、上田春吉、関口豊吉、堀木與三郎、松丸敏次郎、篠澤三郎、田中松兵衛、関口與四郎、及川清七、上田菊太郎、石田綱五郎、大野新之助、谷由太郎、飯田文種、植草兼吉、堀木六三郎。

戦役召集在営軍人……川合正高、今井榮吉、小川豊吉、高橋與助、平松峰三、小野田平吉、倉林村蔵、平松奥次郎、青山勇蔵、藤松鉄太郎。

27 竜宮様

竜宮とは、深海の底にあって、竜神が住むという宮殿をいいます。竜とは、インド神話で蛇を神格化したもので、人面蛇身の半神をいいます。八大竜王とは、八竜王の総称、法華経の会座に列した護法の竜神をいいます。水の神、雨乞いの神ともされています。

行徳の地で竜宮様を祀るということは、洪水や津波、長雨などの天災を免れることを願うことだったからです。塩浜では、晴天の日が続かなければ、塩焼き稼業は成り立たなかったのでした。

現在、行徳には、南行徳、行徳駅前、本塩、妙典など合計五カ所に竜宮様が祀られています。

(一) 一之浜竜王宮

南行徳四丁目の東海面公園に「一之浜竜王宮」が祀られています。かつては、南行徳一丁目六番の南行徳駅寄りの一角にありました。区画整理事業により、現在地に遷《うつ》されました。新井や相之川の人たちは、竜宮様と呼んでいました。

竜宮様は、見渡す限りの黄金色の稲穂の中に、こんもりと小高く樹木が密生した塚のようになっていました。

竜宮様の小さな石碑には、寛政八辰年吉日（一七九六）と刻まれていました。

寛政三年（一七九一）のこと、幕府は欠真間地先の海面に堤を築いて、幕府直轄の塩浜経営を実施しました。こうして、一之浜～七之浜まで七つの塩浜が開発されました。

一之浜は、新井村の北浜（現在新井三丁目）と呼ばれた塩浜に接した場所でした。七つの浜の範囲は、南行徳一丁目の全域と、南行徳中学校、福栄小学校、富美浜小学校を含む南行徳二丁目地域の半分ほどでした。

塩浜開発を始めて五年目になり、新浜も軌道に乗ったのでしょう。村の人たちは、竜宮様を祀ったのです。ですから当時の海岸線は、南行徳駅の辺りだったと考えられます。入浜式の塩浜と思われますので、干潮時間に干潟になる海面に潮除堤を築いて防潮堤とし、満潮時間に圦《いり》（土手の下に樋《とい》を埋めて水の出入りを調節する水門）から海水を導水して、塩田内の水路から塩田面に、毛細管現象を利用して浸潤させたのです。

竜宮様は、塩浜で働く人たちが、海の神の竜王に、塩浜の繁栄と海面の平穏無事を祈ってお祀りしたものです。一之浜竜王宮の祭日は、毎年六月一七日前後の休日を選んで催されています。

（二）しろへび様

行徳駅前公園の管理事務所近くの出入口付近に、「しろへび様」が祀られています。しろへび様は、湊村の人々が祀った竜宮様のことをいいます。

竜宮様は、龍王宮あるいは八大龍王ともいいます。どれも、塩田の繁栄を願った塩垂百姓の守り神となっていました。

「へび」は塩浜の守り神であり、洪水や津波から暮らしを守ってくれる神の使いとされていました。湊村の「しろへび様」は、伊勢宿、おかね塚、光林寺脇を抜けてきた江川が、湊新田からの鴨場みちと交差する場所辺りに祀られていました。そこは、弁天公園裏から行徳駅前公園のプールの辺りへ通じるラインが該当します。

また、しろへび様を祀った近くには、昭和の初めまで新田圦河《しんでんいが》があって、湊新田の漁師が圦を出て進み、鴨場脇から東京湾へ出入りしていました。新田圦河は、のちに現在の福栄公園の辺りに移されました。

(三) 南無八大龍王

本塩の上道《かみみち》公園の前に「南無八大龍王、天明二壬寅歳(一七八二)正月下浣(下旬の意)八日」と刻まれた石碑が祀られています。

祭事は、屋号を清蔵という高橋家が執り行なっています。毎年二月一日の御奉謝《おびしゃ》には、日蓮宗海近山圓頓寺の住職さんがお経をあげてくれているといいます。

なお、「上道」とは塩場《しょば》の地名です。上道の一、二、三と続いて、その先は「石垣場」「東浜」となります。

（四）上妙典龍宮様（八大龍王）

妙典六丁目七番の西の一角に祀られています。上妙典の龍宮様は、妙典の村人からは「しろへび様」と呼ばれていました。海（水）の神としての龍神でした。お祀りされている石碑文は、欠字があって判読しがたいのですが、「□王□□妙典村中」「安永三年午天」と見えます。

その他に、明治三四年（一九〇一）二月一日にお祀りしたもの、大正七年（一九一八）四月一四日に、上妙典田島常吉氏のお祀りしたものが鎮座しています。

そばに、上妙典龍宮様（八大龍王）の由来書きが立てられています。ここに安置されている龍宮様は、安永三年（一七七四）に建立されました。願主は上妙典村中で、妙好寺第十五世大寶院日賢上人がお祀りしました。安永三年から五年前の明和六年（一七六九）には、本行徳村に罹災家屋三〇〇軒余といわれた大火が発生しました。同年八月には、塩浜年貢を減額してもらうために、「塩浜由緒書」が作成されています。

安永元年（一七七二）六月には風雨激しく、江戸川が大洪水になりました。また、海からは津波が襲いました。折悪しく、幕府は行徳領塩浜堤の定式ご普請を止めてしまいました。続いて、応永三年にも

上妙典龍宮様（八大龍王）

大雨と津波がありました。

そのため、龍宮様には、村中老若男女の一切無障碍、海上安全、製塩業繁栄を祈ったのでした。

龍宮奉謝は、安永九年（一七八〇）から続いた行事でした。昭和三八年（一九六三）の御奉謝が最後になりました。龍宮奉謝のご本尊は、今は永代妙好寺預かりになっています。

平成一一年（一九九九）に完成した妙典の区画整理にあたり、妙典一・二丁目自治会により現在地に遷されました。

由来書は、平成一〇年（一九九八）一一月一日付で、妙榮山妙好寺第三十三世住職照壽院日勝氏によるものです。なお、この由来説明板を奉納されたのは、妙好寺総代篠田喜義氏です。

（五）下妙典龍王宮（南無八大龍王）

妙典五丁目四番の一角に祀られています。石碑には、正面に「南無八大龍王宮」、右側面に「寶暦二壬申六月吉日」、左側面に「下妙典村中造立之」と見えます。宝暦二年は一七五二年です。

また、土台石の右側面には、「区画整理に付き当地に再建す　平成十年五月吉日　市川市妙典三丁目自治会」と刻まれています。

下妙典の龍宮様は「くろへび様」と親しまれていました。上妙典龍宮様よりは、二〇年も早くお祀りされました。宝暦二年から溯ること一五年の間に数々の天災がありました。

平成一一年（一九九九）三月吉日に、発起人一同が建立した「下妙典龍王宮由来」に記載されている災害を含め、次のものがありました。

宝永一年（一七〇四）江戸川出水塩田被害甚大
享保一四年（一七二九）江戸川出水塩浜ことごとく荒涼になる
享保一五年（一七三〇）高谷の海岸に大鯨二頭あがる
（以上は「下妙典龍王宮由来」より）

享保一九年（一七三四）、五月中より盆前まで、長雨降り続き塩浜不稼ぎ。

元文三年（一七三八）、五月中より長雨、江戸川満水にて塩浜へ障りあり、その上、土用中雨降り続き不稼ぎ。

寛保元年（一七四一）、暴風雨と大津波。

寛保二年（一七四二）八月一日、大風雨、高波にて関東大洪水、居村にて水丈五、六尺、塩浜一面に水押し開く。

延享元年（一七四四）、暴風、津波。

延享三年（一七四六）、暴風、津波。

寛延元年（一七四八）、春中より長雨打ち続く、その上、八月一三日大風雨、高波にて塩焼き難儀。

寛延二年（一七四九）八月一三日、大風雨、江戸川洪水、高波、塩浜不振。


往時の下妙典村は、葦に覆われた潮入りの原野と干潟でした。そのため、津波と洪水の力と戦う苛烈な土地でした。天正一八年（一五九〇）に、徳川家康が行徳を支配し始めた当時、塩焼きを主とし、年貢を塩で納めていました。

米を作る田畑はほとんどなく、海を相手の仕事でした。村人は、自然の脅威から身を守るために、海（水）の神として龍神を祀り、安泰を祈りました。

なお、龍宮様をお祀りした四年後の宝暦六年（一七五六）に、「塩浜由来書」が提出されています。現在、妙典は、スーパー堤防に守られています。

28 汐垂れ松

堤に囲まれた行徳の村

江戸時代の行徳は、堤防に囲まれた村でした。江戸川からの洪水による水害が塩田に及ぶのを防ぐための川除堤、高波や津波を防いだり、塩浜に海水を取り入れるための潮除堤、海岸の新浜から少し奥に入った古浜の周囲を囲む囲堤、荒浜となって塩が採れなくなった元の塩田を開墾して、水田にしたあとの水田を囲む囲堤などがいたるところにありました。

行徳は石が採れない土地でしたので、堤は土手でした。土手は突き固めましたが、芝を植えたり葭《よし》や萱《かや》、葦を植えたり、あるいは松の木を植えたりして補強しました。堤の前面に百足杭を打ちこんで、その間に竹笹や粗朶《そだ》を詰めこんだりもしています。

松の木の多くは潮風に押されて、根元の少し上から風下の方に曲がっていて、斜めに枝を張っていました。その松の木の風情は、海岸に群れ遊ぶ千鳥、沖に帆かける舟、塩焼きの竈《かま》からたなびく煙とともに、行徳の景色の特色でした。

汐垂れ松とは、堤に植えられた松のことをいいました。汐は塩あるいは潮とも書きます。汐垂れるとは「しほた・る」であり、「潮水に濡れてしずくが垂れる様子」をいい、転じて「涙で袖が濡れる」こ

塩焼きの竈「市川市史」より

塩田の痕跡はないが、堤の補強と塩焼きの燃料とするために植えられた葦原のように、昔を偲ばせる

と、泣くことを意味します（『広辞苑』）。

泣けば泣くほど塩が採れる

「泣く」は忌《い》み言葉ですが、行徳の村人にとっては「よく泣けば泣くほど塩も多々できる」（『葛飾誌略』）といって、めでたい言葉でした。

　行徳塩浜では、濃縮した塩水を生産するために、笊取法を採用していました。塩場桶《しょばおけ》の上に置いたしょば笊《ざる》に、鹹砂《かんさ》（天日に干して塩の結晶がたくさん付着した砂のこと）を盛り、海水をかけて塩分が濃縮された塩水を採ります。その塩水のことを、鹹水といいます。

　鹹水を煮詰めることを、塩を焼く、といいます。鹹水を採取する過程で塩場桶の中に濃縮水が垂れるありさまを、「汐垂る」とか「泣く」といったのです。汐垂れ松の呼び名は、縁起のよいものだったのです。

また、大風が吹いて、浪ノ華が風に飛ばされ、海岸の松の枝葉を濡らしたことも多かったのです。天気が回復して乾燥すれば、松の木が塩辛くなっていたことでしょう。そのあと、雨が降れば塩辛い水が垂れたでしょう。本当に「汐垂れる」になったのです。なお、塩焼きを本業にする百姓のことを、塩垂《しおだれ》百姓《びゃくしょう》といいました。

現在、塩浜にちなんだ名称がつけられた公園に植えられている松の木は、汐垂れ松の名を後世に残すものなのです。

29 戊辰戦争

優勢だった旧幕府軍

千葉県での「戊辰戦争」は、市川、船橋においてもっとも大規模に行なわれました。

初めは、旧幕府軍が優勢で、官軍は八幡、市川を退却し、小岩へ退いています。幕府軍は「新撰組」副隊長、土方歳三を参謀としていました。土方らの本隊は、宇都宮に去りましたが、木更津にいた別動隊が船橋に陣を張りました。一八〇〇名の兵がいたそうです。なお「新撰組」隊長近藤勇は流山で捕らえられ、板橋宿で処刑されました。

明治元年戊辰（一八六八）閏《うるう》四月三日未明、八幡宿に駐屯していた官軍池田藩兵一〇〇名に対して、幕府軍が斬り込みを敢行し、市川駅へ追いつめました。そのため市川に駐屯していた官軍ともども大敗北となり、官軍は市川に火を放って、小岩、行徳方面へ逃走しました。そのため、市川駅は烈風にあおられて、大半が焼失しました。市川にいたのは、岡山の備前兵でした。

行徳には、福岡の黒田軍一〇〇名が駐屯していました。海岸伝いに逃げてくる者、船で江戸川を逃げる者などを収容しました。

行徳の住民は、荷物を残らず片づけ、畳、建具を取り払い、空き家にして逃げました。三日の夜は、夜討ちでも仕掛けられたらと心配で、寝た者はいませんでした。なお、三日の昼頃までに、黒田軍三〇〇名が行徳を通過して、船橋へ進軍しました。

市川から船橋までの一里余りは、一面火の海となり真っ黒に煙って、大砲の音がしきりに、どうどう、と響きました。

山岡鉄舟が官軍と交渉

閏四月三日の戦闘による市川村の焼失家屋一二七軒、人数六六九人に上りました。不致焼失家屋は一

○三軒、人数四六〇人でした。東海道副総督参謀は、市川村へ金五〇〇両を支給しました。
行徳における官軍の駐屯地の中心は、香取神社境内（香取一丁目九番）でした。境内横の堀（現在は路地）をまたいで反対側に剣術道場がありました。元幕臣の山岡鉄舟は、官軍の幹部と交渉をするために道場を訪れていました。

旧幕府は、暴徒の決起や騒動を防止するため、自衛組織を作らせました。湊新田の松原家は剣術道場を作り、自衛行動の指揮官養成をしていたのでした。そこを官軍が使用して、一時的に臨時役所のようになっていたのでした。そのため、近隣の人たちは、この道場のことを「薩長様」と呼んでいました。

30 行徳金堤

新井村の名主だった金堤

行徳金堤《きんてい》は、鈴木清兵衛という新井村の名主で、当主は代々清兵衛を名乗りました。「金堤」という俳号をもった清兵衛は、天保七年（一八三六）丙申《ひのえさる》正月一四日に亡くなり、浄土宗仏法山法伝寺に葬られました。

郷土史家故宮崎長蔵氏の著書によれば、「墓地整理により無縁の墓を集めて祀った万霊塔の中に組み込まれて、その所在が明らかでない」とされています。

金堤は、下総葛飾郡「勝鹿図志手繰舟」を、文化一〇年（一八一三）に刊行しました。高橋俊夫氏によれば、「このとき金堤は五〇歳ほど。亡くなったときは七三歳になる」と述べています。金堤の書は二冊本で、前半はいわゆる現代の観光ガイドブックにあたるもので、説明書きと絵画と句が添えられています。後半部分は句集になっていて、絵画に句も添えてあります。

金堤の本は現代の自費出版本であり、俳友、知人、友人、親類縁者へ配られたようです。

「金堤は体格も立派で、金も地位もあり、気が大きく、経済的には鷹揚な話のわかる旦那という風貌であったらしい」という趣旨のことを宮崎氏は述べています。俳諧好きの気弱な老人ではありませんでした。

金堤という俳号は、堤防に由来します。行徳に住む人々にとっての各種の堤防（潮除堤、川除堤、波除堤、囲堤）は金銀と同価値であり、大切なものでしたから、行徳金堤と名乗ったのです。

一茶に金一片を贈った金堤

金堤のもとにはさまざまな俳友が訪れ、手紙も届いたと思われます。全国の俳友から、磯や浜に関する二百数十句を収集する大変な作業をしています。

その中で、小林一茶との関わりは、一茶の『七番日記』に記されていて往来があり、金堤が心づけとして金一片を贈ったことなどがわかります。

金堤が活躍した文化文政の頃は、行徳における文化も爛熟した時期でした。文化九年（一八一二）には、江戸日本橋講中が本行徳新河岸に常夜灯を建立した時代でもありました。

金堤とその本については、次のものが参考になります。

『影印・翻刻・注解　勝鹿図志手繰舟』（高橋俊夫編著　一九八〇年七月三〇日発行）

『勝鹿図志手ぐり舟　行徳金堤の葛飾散策と交遊録』（宮崎長蔵著　一九九〇年九月二九日発行）

本行徳周辺地域

31 なま道

徳川幕府の河川改修工事

「なま道」とは、鮮魚輸送が盛んだった木下街道の別称です。木下街道の名は、明治からの呼び名です。江戸時代は、鹿島道、銚子道、木下道などといいました。また、江戸へ向かう人たちは、行徳道、江戸道といいました。

木下街道は、寛永八年（一六三一）に、徳川幕府によって整備されました。行徳を基点として、八幡、鎌ヶ谷、白井、大森、木下の六つの宿駅があり、全長は約九里（三六キロ）でした。

幕府は、文禄三年（一五九四）から、利根川を銚子へ流す東遷工事を始め、承応三年（一六五四）に完成しました。

元和七年（一六二一）、利根川本川の水が太日川（江戸川）に直接流れるようになったため、古利根川を分離しました。利根川を隅田川から分離したからです。

寛永六年（一六二九）、荒川を入間川につけ替えて隅田川へ流し、元荒川を分離しました。その結果、荒川は利根川から分離されました。

寛永一八年（一六四一）、関宿から金町までの約一八キロを開削して、江戸川の流れを変えました。

それまでは、庄内川を流れて下流が江戸川になっていましたが、これにより庄内川が分離されました。

木下街道を整備した寛永八年（一六三一）頃は、利根川東遷工事中でした。利根川中流域は、浅瀬が多くて舟運には困難がありました。そのため木下街道は、江戸から下総や常陸、特に利根川下流域へ直行できる最短路となり、年貢米などもたくさん送られました。麻生、高岡、小見川、水戸ほか、利根川沿いの諸藩が利用しました。参勤交代の大名や、その家臣たちが盛んに往来しました。

タイ、ヒラメ、スズキ、カツオ

木下街道が整備されてからは、利根川下流域、北浦、西浦、鹿島などから、江戸日本橋魚市場への鮮魚輸送が、次第に盛んになりました。特に慶安三年（一六五〇）に銚子の飯貝根に漁場が開拓されてからは、タイ、スズキ、ヒラメ、カツオなどが本格的に出荷されました。

天和元年（一六八一）頃には、「なま道」の呼称があり、元禄（一六八八～一七〇三）の頃が最盛期でした。銚子を夕方船で出発して、木下河岸を馬で明け方に出ると、行徳の祭礼河岸へは昼に着きます。行徳からは貨物専用船（行徳船は旅人と小荷物）で、日本橋の魚市場へは夕方から夜に到着しました。

船一艘に三〇〇籠、馬一頭に一〇籠（約一五〇キロ）を積み、三〇頭の馬で行徳へ着きました。

寛政二年（一七九〇）の記録では、輸送量は約二〇〇〇駄（約三〇〇トン）とされています。活きのよい魚（タイ、ヒラメ）は活じめ（血抜きの方法）にし、サバなどの魚は、はらわたを抜きました。魚は、笹の葉に挟んで篭詰めや箱詰めにしました。

宿駅には、その村の馬が用意されていて、篭や箱に水をかけて積み替えをしました。五～七月は、生け簀《す》のある活船を使って、関宿回りで江戸川を下り、生きている魚を日本橋へ運びました。

32 新道

家康が開いた街道

行徳から八幡までの街道をいいます。徳川家康が開かせた街道です。

「葛飾誌略」には、「東金《とうがね》に鷹狩に行ったときにこの道を新たに開いた」とあります。

行徳橋を行徳方面から渡り、左折すると、五〇メートルほどで右へ土手を降りる道があります。それをたどり稲荷木の町を抜けると、そこは一本松になります。京葉道路の橋脚下です。橋下で二股に分かれ、左折して直進すれば、市川広小路交差点に出ます。ここが千葉街道です。突っ切って進むと、京成電車のガードになりますが、この間に市川の渡し場がありました。さらに進むと、国府台の台地になり、水戸街道に続きます。この道筋は古道です。

家康は、慶長年間（一五九六〜一六一五）に一本松から直線で千葉街道へ通じる新道を開きました。そのまま直進すれば、衣川を渡り（チョイム河岸跡）、真間川を越えて曽谷の台地になります。これを中央道といいます。千葉街道で右折すれば、一五〇〇メートル足らずで木下街道に達します。利根川へ出るには、木下街道を利用した方が便利でした。

万石の眺めが広がる新道周辺

千葉街道から南、江戸川堤防まで、そして、江戸川放水路の辺りまでは、元禄以後（一六八八〜）見事な水田地帯が広がっていました。

新道から眺める様は、左右一円、広々とした耕地が広がって、およそ万石ばかりの面積が一眼の中に入るほどでした。周辺にはこのようなところも少なくて、めずらしい耕地でした。

春はだんだんに種を下ろして苗代の用意をし、朝夕は水の世話などをしました。五月になると、五月女が群れ集まって田植えをする風情、わけても青田の頃に吹き渡る風の涼しさなど、言葉にはできないほどでした。

木下街道を、馬に乗せられて運ばれて来た鮮魚、薪、その他の産物などは、万石の耕地を見渡しながら、行徳へ着いたのです。

寛永（一六二四〜）以後は、千葉街道（市川砂州）を掘り割って、台地下の湿地帯からの排水を落とすとともに、水田の開墾をしました。

この水田からの真水の排水は、盛んに塩を焼いていた稲荷木、大和田、田尻、高谷などの村々を掘割って落とすことができませんでした。「真水押し」が恐ろしかったからです。真水押しとは、塩田内に真水が浸透して、塩の結晶が着かなくなってしまうことをいいます。内匠堀も、現在の京葉道路の北側付近に堰を設けて管理していました。

また、真間川は、本来は千葉街道の北を西へ流れていました。いまのように、東京湾へ流すようになったのは、大正元年以後の耕地整理工事によるものでした。

33 妙典

恩賞に賜った河原の地

篠田雅楽助清久という武将がいました。篠田家は、千葉氏を祖にもつ家系とされています。

北条氏と里見氏が、永禄七年（一五六四）に死力を尽くして戦った第二次国府台合戦では、千葉氏は北条方にくみして戦いました。北条氏が勝利したのですが、そのときに戦功があった篠田雅楽助清久は、恩賞として河原の地を賜ったと伝えられます。

雅楽助は、永禄八年（一五六五）、中山法華経寺の日宣法印を迎えて、日蓮宗妙栄山妙好寺を創建しました。妙好寺創建以後、河原の地を分割して「妙典」と名づけました。

妙典の地名は、南無妙法蓮華経と唱えるように、法華経が妙なる経典であることに由来するといわれています。昔は、妙典の住民は、すべて日蓮宗の信者だといわれたほどでした。

篠田家の二代目宗久のときに、豊臣秀吉によって北条家が滅びました。篠田家の三代目当主は篠田治郎右衛門宗清でした。宗清の代では、すでに武士を捨てていたようです。

徳川のお墨付きをもらった三代目

「行徳領塩浜由来書」の新塩浜開発御書付写に「妙典村治郎右衛門」と記されています。書付の内容は、「塩浜を新開発するにあたり、五カ年の間は諸役を免除すること、その後は、生産した塩の一〇分の一を年貢として納めるように」とのことでした。慶長元年（一五九六）正月晦日付で、代官吉田佐太郎が出した手形でした。

江戸時代を通じて、年貢は四公六民とされ、それでも軽い方でした。それが、一公九民ですから、いかに優遇されたかがわかります。

徳川幕府は、新たな人材を育成するよりは、地元の有力者を利用しようとしたのです。治郎右衛門もお家安泰となるのですから、大いに働いたものと考えられます。治郎右衛門が開拓したのは、現在の本塩地域が該当します。

昭和五三年（一九七八）の住居表示実施で、上妙典は河原の一部を併せて、妙典一丁目と二丁目になりました。同じく、下妙典は一部が富浜になったほかは、妙典三丁目になりました。また、調整区域となっていた下妙典地域は、平成一二年に区画整理が完了して、妙典四～六丁目になりました。

34 石垣場

文化九年（一八一二）、徳川幕府は、行徳塩浜付き村々の塩民困窮の救済策を計画しました。それは、たび重なる津波と高波による潮除堤の大破に対する、永久の策とされるものでした。

代官竹植庄蔵は、塩浜一九カ村地先のおよそ六〇〇〇間（一〇・八キロ）の塩浜堤を、石垣で築き直すことを計画しました。計画が実現すれば、その後一〇年間は堤普請が休止できる予定でした。新井村から船橋にいたる遠大な計画でした。

その方策として、塩浜にかけられていた役永を免除して、その分を積み立てることにしました。積金は村によって異なりますが、その割合金高の範囲内において村々の自普請とされました。

まず、試しとして、本行徳地先へ石垣堤を五五〇間（約一キロ）築きました。モデルケースとしては成功したのですが、その他の地域では計画通りに進みませんでした。

そのうちに代官の交替があり、計画が廃止されてしまいました。現在、宝一丁目と江戸川（放水路）との間の土地が、石垣場という字地になります。江戸川寄りから、上石垣場、中石垣場、下石垣場となります。下石垣場の一部は、宝一丁目になっています。

石垣場と湾岸道路との間は、東浜という字でした。その辺りには、平成一五年（二〇〇三）現在でも、「行徳富士」といわれる残土の山があります。

石垣場と東浜を併せて、本行徳の飛び地とされています。明治、大正の時代には、字石垣浜といわれた田畑が広がる地域でした。

35 河原の渡し

旅人の往来は厳禁

河原の渡しは、百姓渡しでした。新河岸の舟会所から人が付けられていて、旅人は渡しませんでした。

旅人の往来は固く禁じられていました。小岩・市川の関所の抜け道になるからです。寛永八年（一六三一）の「利根川渡越之儀ニ付書上候扣写《ひかえ》」に「近郷の樵夫草刈耕作人の外一切川向へ越えるべからず」（「宇田川家文書」）とされています。

河原の渡しの対岸は、篠崎村伊勢屋でした。戦国時代の行徳塩は、河原から伊勢屋へ出て江戸川沿いに北上して柴又、金町を通り、草加から鳩ケ谷へ出ます。そこからは、岩槻街道を北上しました。このルートは、古くは岩槻道といわれました。江戸時代になって、通行人の詮議はとても厳しくなりました。明治四〇年（一九〇七）の調査では、川幅一〇〇間（一八二メートル）水幅八〇間（一四五メートル）、安永四年（一七七五）の許可とされています（「千葉県東葛飾郡誌」）。船は小伝馬船一隻で、従業員二名、渡船定員二八名でした。昭和九年（一九三四）四月一日当時の船賃は大人二銭、小人一銭、自転車一銭、小車二銭、牛馬四銭でした。

河原の渡しのあった場所は、河原四番と河原番外地の境界あたりです。行徳街道のバス道路を、下新宿バス停を過ぎて正源寺で二股になったところを左へ入ります。それが旧道です。小さな橋を渡りますが、豊橋といいます。その水路が、かつての河原の圦からの水路になります。

江戸川に面して大きな船溜まりがありますが、かつてそれはなくて、そこが江戸川でした。江戸川と河原の圦とは一〇メートルほどの取水堀しかなくて、すぐに取水口になっていました。その取水口の下岸に、渡しの栈橋がありました。

河原圦之遺石碑

河原の圦から取水した水は、妙典地域に流れました。行徳街道のわきに胡録神社があります。その境内に、春日神社が祀られています。春日神社は、江戸川放水路の開削によって移転してきました。元は行徳町大字河原五八番地西側（二の土手）に鎮座していましたが、大和田村が移転する大正三年（一九一四）の時に、胡録神社境内に移されたのです。

河原の圦の上手は、人車鉄道の河岸になっていました。その上流に、つたや河岸という河岸がありましたが、関東大震災で隆起したために営業できなくなって、人車の河岸の方へ移りました。

河原の圦は現在はありません。河原の甲子会会員一三名の人たちは、河原の圦の遺石を使って記念碑を建立しました。この「河原圦之遺石」は、春日神社境内にあります。

「河原圦は、古くより農業用水として広く利用されしも、排水の強化と共にその姿を消すことになった。故に、その名残として、圦石の一部をこの地に遺す。維持昭和五〇年（一九七五）秋　正源寺三五世隆基書」と、刻まれています。甲子会会員の氏名は次のとおりです。

金子伊太郎、増田健蔵、高橋昇、早川憲、小林喜太郎、中台専之助、大久保萘次郎、中台昇治、山中隆基

物故者　鈴木四郎、島野清一、増田留吉、増田浦五郎

36 人車鉄道

明治四二年（一九〇九）九月二八日から、東葛人車鉄道株式会社が開業しましたが、一〇年後の大正七年（一九一八）一一月八日、会社を解散しました。

人車鉄道は、行徳町河原から中山へ行き、木下街道の法典、馬込沢、鎌ケ谷大仏までの延長三里四丁一一間（約一二・五キロ）を運行しました。

大正五年（一九一六）当時、客車六両、貨車七〇両でした。蒸気船で河原へ着いた荷物と肥料を内陸へ運び、内陸からは、梨、米、サツマイモその他の産物を運びました。大正五年の最盛期には貨物一万トン超、個数で二八万五六九五個を輸送しました。

客車は、畳一畳分ほどの広さで、八～一〇人乗り程度。男二人で押しました。単線だったので、向き合うと、どちらか一方が車を線路から外してやり過ごしました。

客車は二時間おきに出発し、中山から鎌ヶ谷まで八往復、中山から河原までを一二往復運行しました。鎌ケ谷から中山を一時間半、中山から河原まで三〇分でした。

人車の運賃は、鎌ケ谷から馬込が五銭、馬込から法典までが五銭、法典から中山まで一〇銭、中山から河原までが一〇銭でした。全区間通しの場合は三〇銭でした。

その当時の木下街道その他の道路は、雨が降るとぬかるんで、どぶの中を歩いているようなありさまでした。上り坂で押し切れない時は馬で引きました。

人車鉄道の河原の起点は、河原の圦の上手にありました。河岸があり、揚がった荷物を人車に積んだのです。行徳橋南詰め交番の裏手から、坂道を下った取水堀の近くになります。

明治四四年（一九一一）、利根川改修計画ができ、大正五年（一九一六）から、江戸川放水路の開削工事が始まりました。そのため、人車鉄道が分断されることになって、営業ができなくなったのでした。

37 行徳の大火

四丁目火事と「塩浜由緒書」

明和六年（一七六九）二月一六日、本行徳四丁目を火元とする大火が発生しました。現在でいえば、三月末か四月初め頃になります。行徳街道沿いにあった、東西二〇〇メートル、南北七〇〇メートル、家数三〇〇軒余（一八一〇年当時）の本行徳の町並みは、折からの南西の風（春一番か二番か）に煽られて三丁目、二丁目、一丁目と燃え広がって下新宿村を焼き、河原村の表通りまで焼き尽くしました。罹災棟数およそ三〇〇軒、この時、奇跡的に神明宮は焼け残りましたが、この火事を四丁目火事といいます。

それより以前、年月は不明ですが、大阪屋火事といわれる火事がありました。当時は、荷揚げ場近くの宿屋は一二軒しか許可されていませんでしたが、この時は笹屋のうどん店も焼けました。

本行徳村の人々は、火事によって大切な塩を失い、諸道具も焼いてしまいました。何より、食べる物もありませんでした。

四丁目火事のあったあと、村人はすぐさま代官所へ年貢減免の儀を願い上げました。ところが、年貢減免は認められないとの勘定所からの申し渡しがあり、村人はかつて大変世話になった元代官の小宮山杢之進を訪ねました。そうして、隠居していた小宮山杢之進が書いた「覚」が「塩浜由緒書」なのです。

由緒書は、火事のあった年の夏八月に提出され、勘定奉行吟味役評議のうえ、「有徳院様（徳川吉宗）厚き思し召しの杢之進の覚書が慥《たしか》なること尤もの儀である」として、年貢減免の申し渡しがあったのでした。

蒸気船から出火、焼失三〇〇戸

明治一四年（一八八一）四月三日午前三時頃、新河岸に停泊中の蒸気船より火災が発生しました。火元は今回もやはり四丁目でした。今度は、折からの南西の風に煽られて一丁目まで焼きました。このときも神明神社は焼けませんでした。

この火は飛び火して、行徳新田（旧本行徳塩焼町、現在の本塩）も焼きました。焼失戸数は三〇〇戸以上といわれました。市川市史年表には二七〇余戸焼失とされています。

この火事の復興のため、本行徳はかえって人口が増えました。大工その他の工事人が多数住みこんだからです。完全に復興するには二〇年の歳月を要しました。

この間に、一丁目の商家を中心に威勢のあった人たちが、蒸気船の接岸できる河岸を整備して蒸気船の発着を誘致しました。その結果、一丁目の蒸気河岸を中心として、成田詣での客で大層賑わいました。

四丁目の新河岸では、旅館業からの転出者が続出しました。一丁目へ移った旅館もあり、元のように復興できたのは「信楽《しからき》」と「銚子屋」だけでした。山田屋は明治一八年（一八八五）に改築して行徳小学校になっています。ところが、信楽は元の三倍ほどに規模を広げたといわれています。うどんの笹屋は焼けませんでした。

江戸時代の行徳には一二軒の宿屋があり、それぞれ大阪屋、亀屋、小松屋、信楽、山田屋、角伊勢、銚子屋、桜屋、若松屋、松坂屋、淡雪、鹿島屋と名乗っていました。

一丁目蒸気河岸が賑わったのは、明治三〇年代後半（一九〇三〜）頃までで、大正の初め頃（一九一二〜）にはなくなってしまいました。昭和四年（一九二九）に、山本周五郎が蒸気船に乗って着いたのは、新河岸の方だったのでした。

38 笹屋のうどん

本行徳三六番に、笹屋の建物があります。安政元年（一八五四）に建てられたものですが、堂々とした実に立派な建物です。

いつの頃から、うどんを売ることを生業としたのかはよく分かりません。市立市川歴史博物館に、笹屋のうどんの由来を描いた六曲屏風が保存されています。その物語によれば、行徳へ漂着した源頼朝一行は、もてなしてくれたうどん屋仁兵衛に笹りんどうの紋を与えました。以来、看板に定紋をつけ、笹屋と家名を改めたということです。そうであれば、治承四年（一一八〇）八月二八日頃には、すでに行徳にうどん屋があったことになります。

この物語は、『吾妻鏡』に記載されていないので、今では作り話とされています。しかし、江戸時代にうどん屋があったことは間違いありません。しかも、行徳街道の絶好の場所に店を構えていましたので、大変な繁盛ぶりでした。

行徳船に乗って来た旅人が新河岸で降りて街道に出ると、目の前に笹屋がありました。江戸から行徳道を歩いて来て、今井の渡しを渡って来た人は、必ず笹屋の前を通りました。

笹屋については明和四年（一七六七）大田南畝『遊勝鹿記』、寛政二年（一七九〇）花屋久治郎『真間中山詣』、寛政一〇年（一七九八）立川焉馬『成田の道の記』、寛政一三年（一八〇一）十返舎一九

『旅眼石』、文化一〇年（一八一三）十方庵敬順『遊歴雑記』、文政一〇年（一八二七）十返舎一九『金草鞋』、天保九年（一八三八）田丸健良『極楽道中記』、天保末年頃の深河元儁『房州三州漫録』などの紀行文に紹介されています。江戸庶民のための観光ガイドブックには、必ず登場する名所・名物だったのでしょう。また、「江戸名所図会」の「行徳船場」にも描かれています。

笹屋には、大田蜀山人が書いたといわれる看板もありましたが、今では市立市川歴史博物館に展示されています。

39 蒸気河岸

行徳・南行徳地域で、かつて蒸気河岸と呼ばれた場所は二カ所あります。

一つは、湊一〇番と一九番の地境の道路を入った堤防のところです。バス通りには湊青少年会館があり、その向かい側の路地を入ります。

もう一つは、本行徳一番と一〇番の地境の道路を入った突き当たりの堤防際です。一方通行の寺町通りを、行徳街道のバス通りに出た突き当たりになります。堤防までの道を河岸通りといいました。

明治一〇年（一八七七）五月、日本通運の前身の内国通運会社が「通運丸」を就航させました。深川の高橋から行徳までを運行しましたため、行徳船は明治一二年（一八七九）に廃止されました。

通運丸は、槇屋（欠真間）、湊、押切（祭礼河岸）、新河岸に着きました。初めは、一丁目に蒸気河岸はなかったのです。

明治一四年（一八八一）四月三日に、行徳町三〇〇軒余を焼く大火事がありましたが、この災害をきっかけに一丁目の商家を中心とする有志は、四丁目の新河岸に対抗すべく、川岸に乗船所を設けて、船着き場を造り、蒸気船会社の株を持つなどして運動した結果、一丁目の川岸にも蒸気船を留めることに成功しました。寺院の講中などにも働きかけていました。

一丁目桟橋を上がると、左手にキップ売り場と待合所、休み茶屋の朝日屋や、回漕店の竹ノ内、産婆、休み茶屋淡雪があり、右手には、回漕問屋が二軒、すし屋の五関、土産・漬物屋の松原などがありました。街道沿いには、旅館角伊勢と居酒屋がありました。

蒸気船は、明治二七年（一八九四）に総武鉄道が開通してからは徐々に衰退しましたが、大正から昭和初期まで活躍しました。

総武鉄道の敷設問題は、当初、本所から行徳へ敷設し、船橋へ抜ける計画でした。ところが、異常な活況を続けていた江戸川の舟運に影響することを懸念する地元有力者の協力が得られませんでした。そのため、路線は北へ大きく迂回して佐倉街道（現千葉街道、国道一四号線）沿いに建設されたのです。そのため大正、昭和の時代、行徳は住む人々にとって「陸の孤島」とまでいわれるさびれた地域になってしまいました。この教訓は、現状の既得権に固守してばかりいてはいけない、ということを教えてい

ます。歴史のある「水駅」の将来を見極めることができず、発展するであろう「陸駅」としての鉄道の誘致に失敗したからです

40 権現道

今井の渡しから来た家康一行

徳川家康が通った道を「権現道」と呼んでいます。本行徳の古道は有名です。相之川の古道については、権現道とはいわず、「お成り道」と呼んでいます。

今井の渡しを渡った家康一行は、お成り道を進みましたが、それは現在の欠真間一丁目一一番で行き止まりになっています。お成り道は、いまの行徳街道と江戸川堤防の間を進み、どこかで行徳街道に合流していました。香取一丁目八、一三、一四、一七番の地域は、江戸川と行徳街道との間隔が三〇〜七〇メートルほどしかありませんから、その辺りでしょう。家康一行が通った古道は、行徳街道となって湊と押切境いまで続きます。この間は、今のバス通りになります。

押切と伊勢宿は、寛永二年（一六二五）に、江戸川の流れを締め切ってできた土地です。

家康一行は川を渡り、本行徳に上がりました。おそらく、関ケ島の島尻の浅瀬を渡ったと思われます。当時の本行徳のメインの道路は、現在権現道と呼ばれる道でした。

本行徳三七番と関ケ島六番との行政境いの道路は、四丁目道または御神輿《おみこし》道と呼ばれています。行徳街道から四丁目道に入り、七五メートルほどで左に教信寺があるので、ここを左折します。この細道が権現道になります。なお、ここは十字路になっていて、反対側の細道をたどると徳蔵寺になりますが、この細道は権現道とはいわないのです。なぜならば、家康が来た時には、関ケ島は島であり、本行徳との間は汐入の川だったからです。

海岸沿いだった権現道

浄土宗教信寺は、教善寺といいましたが、戦後（昭和二〇年～）、隣地の信楽寺を併せて教信寺となりました。また、信楽寺と教善寺の間に信行寺がありましたが時代は不明で、このお寺も併せました。教信寺には三カ寺分の石碑や石仏があるのです。

いまはない信楽寺と、日蓮宗本久寺の間に日蓮宗本応寺がありましたが、現在はありません。横町稲荷という社地のあるところでした。

日蓮宗本久寺の隣は日蓮宗正讃寺があります。この間には、三丁目道と排水路の暗渠があります。暗渠は、ずっと後年になって、天保四年（一八三三）頃に儀兵衛（儀兵衛新田の開拓者）らによって掘られたもので、正讃寺の掘割につないだものです。

正讃寺の隣は浄土宗浄閑寺、日蓮宗円頓寺、日蓮宗妙覚寺、浄土宗法泉寺と続きます。法泉寺は、家康が立ち寄った寺として知られています。

権現道に面した寺を挙げてみましたが、廃寺、吸収などの寺を含めて、江戸時代には一〇カ寺が並んでいたことになります。当時の行徳の寺地は、必ず周囲に掘割を巡らせていました。

寺地の裏手にあたる地域は、かつての海岸であり、塩焼きをしていました。寺を造ったとき、湿地帯の泥を掘り上げて堤を造り、外堀と内堀を造りました。天水を溜めた堀でした。元禄になって、内匠堀を掘り進んできたときに、寺々の裏手の堀をつないで内匠堀としたのでした。

権現道は、本行徳一丁目道（寺町通）に出て終わります。一丁目道には、常妙寺（跡地のみ）、日蓮宗妙頂寺、日蓮宗妙応寺、臨済宗長松寺、日蓮宗常運寺、浄土宗徳願寺などが立ち並んでいます。このルートをたどって家康一行は船橋へ抜けて行ったのです。なおその当時は、妙典地域は汐入りの葦地も多かったと思われますので、現在の行徳街道を北上して、江戸川放水路の開削のために立退いた、大和田村の旧村内から右折して進んだことも考えられるのです。

41 行徳船津

家康の三つの施策

徳川家康は、天正一八年（一五九〇）八月一日に江戸へ来てから、行徳塩を確保するために施策を講じています。計画が実現したのは家康の死後のことでした。

一つは、江戸川の大改修工事です。江戸川が現在の流れになったのは、三五年後の寛永二年（一六二五）頃のことでした。

二つ目は、新塩浜の大増築工事です。

三つ目は、行徳船津の整備でした。

徳川氏の支配になる前は、北条氏へ年貢塩を納めており、船で小田原まで運んでいました。当時の太日川の河口は伊勢宿、押切辺りにあり、関ケ島も島としてありました。したがって、川沿いでは河原、本行徳一丁目付近から、海側では本行徳三、四丁目の権現道の外側付近から、津出しをしていたと考えられます。

徳川家康が征夷大将軍になったのは慶長八年（一六〇三）です。将軍になるまでは、行徳塩浜の諸役を免除し、年貢塩を減免する特権を与えて奨励しました。塩浜開発手当金を与えて、本格的な新塩浜増築に乗り出したのは慶長一三年（一六〇八）からのことで、これは軍用第一として行徳塩を確保しようとしたものです。

徳蔵寺から教信寺裏手に船津を造成

寛永二年（一六二五）、江戸川が現在の流れになった時、新塩浜の面積は一気に広がりました。増産された塩は、本行徳のはずれの、現在でいえば三、四丁目に集められました。そこへ新規に船津を造ったからです。当時としては大規模なものでした。

徳蔵寺の裏手から続いて来た道が四丁目道と交差する場所で、関ケ島九番の細長い土地が行き止まっています。伊勢宿から続くこの土手状の細長い土地は、江戸川を締め切った時の堤防跡でした。

通称、御神輿道という四丁目道が、この土手跡の土地と交差したところにあります。それはかつて行徳駅前を抜けて来た東京湾の大きな澪《みお》（水路）跡で、区画整理前までは水路として残っていました。

本行徳三八番の教信寺の裏手とその道路までの付近に、行徳船津がありました。この船津から徳蔵寺の裏手にかけては、何カ所か間隔を置いて横堀が掘られてあり、そこに船を舫《もや》ってありました。今でいう、ヨットハーバーのようなものです。

本行徳村は、寛永九年（一六三二）、他村との競争に勝って行徳船の許可を受け、この船津から旅人と小荷物を運びました。同時に、幕府は旅人改め番所を設置しました。

また、押切の光林寺南側の造成地に、祭礼河岸を設置しました。ここでは、塩、薪、魚、野菜、米その他の雑多な産物が集められ、扱われました。権現道裏手は、寺がひしめいていて空地が少なく、行徳船津だけでは貨物をさばき切れなかったからです。

これらの施設は、元禄三年(一六九〇)に江戸川筋へ移されるまで、六〇年もの間、使用されたのです。

42 新河岸

本行徳三四番、三五番、関ケ島一番の一部を含む地域を、新川岸(新河岸)といいました。この場所へ行徳船津が移されたのは、元禄三年(一六九〇)のことでした。祭礼河岸も、押切五番、湊一番の現在押切排水機場のある辺りに移されています。

土地の隆起と、海退が進んだことが原因だと思われますが、それまでの船津(行徳河岸)では不便になったのです。江戸の人口も一〇〇万人になって舟便も多くなり、徳川幕府も安泰となっていました。

そこで、今井の渡しの上流にあった堰(落差床固)の半分を取り除いて、川舟の通行を許しました。

文化七年(一八一〇)当時の新河岸には宿屋が十余軒あり、僧侶がよく泊まる亀屋という宿がありま

行徳船場　「行徳レポートその(1) —年表絵地図集」(市立市川歴史博物館)より

した。ある僧侶が成田山参詣途中に、妙典付近で吹雪のため行き倒れたのを、亀屋の主人が助けたのが縁で僧侶がよく訪れたのです。また、木賃宿は山口屋がありました。本行徳の家数はおよそ三〇〇余軒でした。

日夜、旅人の往来が絶えず、船場の道は広小路になっていて、今の何倍もの道幅でした。川岸には土留めの杭が打ち込まれ、行徳船は客船でしたので、江戸へ向かう船と江戸から来た船は桟橋が別になっていました。

明治一〇年（一八七七）、外輪蒸気船通運丸が深川高橋から行徳河岸まで就行しました。そのため、行徳船は明治一二年に廃止されました。

明治一四年（一八八一）四月三日、蒸気船が火元といわれた大火事が発生しました。一～四丁目の三〇〇余軒を焼き尽くす大火で、新河岸の宿屋も焼けました。

新河岸は蒸気船の発着で賑わいましたが、総武鉄道と京成軌道の開通、江戸川放水路の開削などにより、成田山参詣客を失って没落しました。

43 常夜灯

常夜灯は、一晩中つけておく灯火のことをいいます。船場に限ったことではありません。本行徳の新河岸にある常夜灯は、江戸日本橋蔵屋敷と西河岸町の成田山講中が建立したもので、高さは約四・五メートルです。

正面は「永代常夜燈」とあり、その下に「蔵屋鋪」として一〇名の名があります。□屋源助、□屋平七、三木屋清五郎、伊勢屋藤七、蛭子屋源兵衛、□原屋八右エ門、内海屋吉兵衛、高嶋屋又七、和泉屋儀右エ門、魚屋繁藏です。

成田山参詣の航路安全を祈願して奉納された「永代常夜燈」

右横には「日本橋」とあり、その下に「西河岸町」として一一名の名があります。太田嘉兵衛、大黒屋吉兵衛、會津屋徳兵衛、和泉屋清左エ門、八万屋喜兵衛、大國屋伊助、相模屋彌吉、山田屋佐兵衛、相模屋藤兵衛、八万屋清吉、八万屋松治郎です。左横には「日本橋」とのみ記されています。

裏は、「文化九壬申年三月吉日建立」とありますが、一八一二年のことで、常夜灯は成田山参詣の航路の安全を祈願して、新勝寺に奉納されたものです。

行徳船の運航は、午前六時から午後六時までとされていたので、常夜灯の明かりを目標にしての航行は、さほど多くなかったと思われます。それでも、日照時間の短い冬の間の朝晩は、常夜灯の明かりがちらちらとまたたいて、風情があったに違いありません。また、江戸川を上下する夜船が盛んに通行していたので、それらの船は新河岸の常夜灯を見ながら通ったことでしょう。

明治になって描かれた安藤広重の絵に、常夜灯が二台描かれています。また、大正一二年の関東大震災前には、三台の常夜灯があったともいわれています。しかし、現在は一台しか残っていません。

平成一四年（二〇〇二）一一月二日、エコ常夜灯プロジェクト実行委員会により、太陽光発電を利用した明かりを、常夜灯に点灯しました。

なお、常夜灯の設置されている「向き」については議論された経緯があります。平成一五年四月現在では、江戸川を背にしています。前記のように正面には「永代常夜燈」という縦書きの文字と一〇名の名があります。昭和四四年（一九六九年）に最終的に終了した江戸川堤防の改修工事の際に、現在の向きに置かれました。ところが宮崎長蔵著の写真集『行徳と浦安の今と昔』三九、四〇頁に掲載の工事前の写真では、「常夜燈」の文字が江戸川と平行に下流（西）を向いています。したがって「日本橋西河岸町」として一一名の名がある右側面の部分が行徳街道方向に向いています。

結論からいえば、このことは至極当然で、その時々の主となるべき方向へ正面を向けたことがわかります。「江戸名所図会」の「行徳船場」の図によれば常夜灯は図面左端の江戸川縁に描かれており、川の中に設置されているのがわかります。四隅のうち二隅までが川中にあり、残り二隅が陸に接していま す。その部分にはくの字型に柵がしてあります。行徳河岸で乗り降りする客が見るのは柵をしてある部分、つまり「常夜燈蔵屋敷」「日本橋西河岸町」の部分だったわけです。常夜灯の右隣には番所があって、旅人を監視していました。番所の役人が座っている小屋から見渡す下流（西）の方向が正面だったのです。

44 川岸番所

夜盗を捕らえて銀三枚のご褒美

寛永九年（一六三二）、代官伊奈半十郎支配の時、本行徳村の行徳船津から江戸日本橋小網町行徳河岸までの三里八丁（一二・六キロ）の船渡しを、本行徳村に許可しました。そのとき同時に、船津に番所を設けました。

寛永一一年（一六三四）九月一七日、旗本三ツ橋十郎左衛門の知行地の下総国芝田村の旅宿七郎兵衛方へ、夜盗が押し入りました。翌一八日の朝、行徳の船場にて番所の者に怪しまれて、二人が召し捕られました。ときの代官は伊奈半左衛門でしたが、ご褒美として銀三枚を下されました。

銀三枚は小判一両のおおよそ半分くらいの価値がありましたので、現在の価値でいえば一五～二〇万円ほどになります。なお、庶民は金貨は使用せず、銀あるいは銭を使用していました。

代官はその時に、捕り物に使う三つ道具を許しました。指又《さしまた》（刺股ともいう）は木製の長柄の先端に鋭い月形の金具がついていて、喉頚《のどくび》にかけて捕り押さえる道具です。袖搦《そでがら》みは長柄の先に多くの鉄叉を上下につけ、袖などにからませて引き倒すための道具です。突棒《つくぼう》は、長柄の先端にたくさんの歯がついた丁字型の鉄製の金具が取りつけられた道具です。これを喉元や胸元に押しつけて行動の自由を奪いました。

いかめしかった番所

川岸番所は、同時に船会所でもあり、本行徳村の村役人が詰めている事務所でした。江戸時代、商業・行政などの事務をとるための集会所になっていました。

また、番所がおかれていなかった河原と今井の渡しには、舟会所から村役人が出張っていました。

天保七年（一八三六）に刊行された「江戸名所図会」に、「行徳船場」の図が載っています。行徳船場として描かれているのは新河岸です。

常夜灯のすぐ隣に番所があり、人が詰めています。船着場が一目で見渡せる位置です。番所の裏にある建物は船会所と思われます。番所と並んで三つ道具置き場が設置されていて、指又、突棒、袖搦みの順で立て掛けられています。

三つ道具置き場の隣に高札場が見えます。高札場は庇《ひさし》がかけられ、柵が巡らされています。有名な高札としては、元和二年（一六一六）八月に出された「定」がありました。

「定」

一、定船場以外の場所でみだりに往還のものを渡してはならない。

一、女人、手負い、その外不審な者はいずれの船場でも留め置き、早々に江戸へ申し上げること、ただし、酒井備後守の手形があるときは、これは異議なく通すこと。

一、隣郷里負いで苦しからずの者は、その所の給人または代官の手形で通すこと。

一、酒井備後守の手形があっても、本船場以外で女子、手負い又は不審な者は一切通さないこと。

一、すべて江戸へくる者は拒絶しなくてもよいこと。

右の条々に背くときは厳罰に処するものである。

元和二辰年（一六一六）八月　日　　對馬守

備後守

45　祭礼河岸

貨物埠頭だった祭礼河岸

押切五番と湊一番の境界に押切排水機場があります。江戸川に面した方に水門と水神宮があり、県道側には児童公園があります。この辺一帯を、祭礼河岸といいました。「葛飾誌略」では、「弁天祠有りし故にいふと也」としています。

本行徳村は駅であり、日夜、旅人の絶え間がありませんでした。春や冬は、銚子からの魚が馬に乗せて運ばれて来ました。夏は、スイカ、ウリ、前栽（庭前の植えこみに使う草木）、秋から冬にかけては大根などがたくさん出荷されました。そのため、馬がおびただしくいななく声や、馬士唄《むまかたうた》のやかましさなど、言葉では言いつくせないほどでした。

祭礼河岸は、江戸へ送る産物の出荷場所であり、江戸からの下り荷の船着場でした。本行徳周辺一帯の村々からの塩年貢も、ここから積み出されました。

祭礼河岸は、昭和の初めの頃でも、荷足船《にたりぶね》が二〇～三〇艘ほど楽に入れるほどの広さでした。河岸の出入り口の上流側に、西連《せいれん》河岸という桟橋が江戸川に突き出ていました。大正、昭和の頃は、この桟橋で葛西船から、小形の下肥舟に下肥（人糞）を積み替えました。下肥舟は祭礼河岸を奥へ進み、行徳街道をくぐって内匠堀へ出て、水路を伝わって各所の水田へ肥料を運んでいたのです。

そのため、祭礼河岸のことをセイレン河岸ともいいます。西連という法師（お坊さん）が住んでいたからだと、「葛飾誌略」は書いています。「葛飾誌略」が刊行された文化七年（一八一〇）当時に、すでにそのようないわれが伝えられていたのです。そのお坊さんがどのような役割を果たしていたのか、よく分かっていません。なお、平成の時代の今でも押切に「セイレン」という屋号の家があります。

祭礼河岸の鎮守だった稲荷神社

現在の祭礼河岸跡地は、元禄三年（一六九〇）にこの地に移されて来たものです。それまでの場所は、光林寺の南側にありました。そこは、行徳街道から光林寺門前への参道を進み、内匠堀跡の道路を越した右側の一帯でした。そこは現在の押切一三番、一四番にあたります。元禄三年に祭礼河岸が移転した後、内匠堀が掘られたときに、祭礼河岸を分断したと思われます。

押切六番の稲荷神社前の路地は、行徳街道から入ってカギ型に左に折れて光林寺の山門前に出ています。この道は、かつては祭礼河岸に直接続いていたと考えられます。

光林寺前の道は、江戸川を締め切った海岸へ出る塩場道でした。朝になると、江戸へ積み出す産物を積んだ荷車や馬がひしめきました。こうして、稲荷神社前の道と塩場道は、行きと帰りを分けるほどの往還の道だったのです。稲荷神社は、祭礼河岸と働く人々を守ってくれる鎮守だったといえます。

46 馬頭観音

本行徳二三番の一角にお堂があり、馬頭観音が祀られています。「嘉永七年（一八五四）二月七日」「佐原飛脚問屋吉田氏」と銘があります（市川市史）。飛脚問屋の旦那が造立したのです。飛脚問屋は、馬喰、馬の飼い主、飛脚屋などを束ねていました。商売繁盛、無病息災を祈願したに違いありません。

「佐原飛脚問屋吉田氏」造立の馬頭観音

本行徳三八番の、浄土宗正覚山教信寺の馬頭観音像は、宝永五年（一七〇八）の造立です。こちらは、塩浜の復興を祈願したものです。元禄一六年（一七〇三）一一月二三日の大地震による潮除堤の大破、宝永元年（一七〇四）七月七日の江戸川の大出水による塩浜囲堤大破、宝永四年（一七〇七）一一月二〇日からの富士山大噴火による降灰などにより、塩浜は大打撃を受けました。そのために馬頭観音を祀ったのです。

湊七番の浄土宗仏法山法伝寺には、延宝四年（一六七六）、女房一九名が造立した馬頭観音がありますす。

明治三七、三八年の戦役、いわゆる日露戦争に従軍した軍馬の供養としての馬頭観音も市内にあります。

馬頭観音は、宝馬が四方を駆け巡り、猛進し、煩悩や死などの四魔を打ち破る精悍さを表すとされ、無明の諸障害を突破するとされています。観音様のうちただ一人、馬頭観音だけは、目を吊り上げ、カッと口を開き、世にも恐ろしい忿怒《ふんぬ》の相をしています。いつの時代からか、愛馬の無病息災の祈願と供養のために建てられるようになりました。

47 潮塚

潮塚《しおづか》は、本塩一番の浄土真宗仏性山法善寺境内にあります。本堂の手前左、松の木下に苔むしてあります。地表からの高さ一一〇センチ、幅七五センチ、厚さ一〇センチほどの石碑です。

表面には「芭蕉翁」「宇たがふな潮の華も浦の春」とあります。裏面には、「寛政九丁巳《ひのとみ》吉冬」「□雄和尚在世」「戸田麦丈建□」「□地□□□」「堀木□□」「及川□□」とあります（井上脩之介著『房総の芭蕉句碑　下総編』によれば、「得雄」「建立」「借地料寄附」「堀木以閑」「及川鼠明」とされます）。

芭蕉は、元禄二年（一六八九）三月、江戸を出立し、関東、奥羽を旅しました。そのときのことを著したのが『奥の細道』です。芭蕉は北陸から伊勢へ足を延ばし、伊勢二見浦で詠んだのが、法善寺の潮塚の句碑とされています。

寛政九年（一七九七）は、芭蕉の一〇〇回忌です。芭蕉は、元禄七年（一六九四）に没しました。一〇〇回忌は正しくは寛政六年（一七九四）とされますが、「葛飾誌略」では寛政五年（一七九三）としています。

徳川幕府の塩田奨励策により、江戸時代初期から大規模に開発され、行徳製塩の中心として栄えたのが本塩地域でした。古くは、本行徳塩焼町あるいは行徳新田と呼ばれました。法善寺は、別名「塩場寺《しょばでら》」といわれます。塩田開発に尽力した河本弥左衛門が慶長五年（一六〇〇）に開いたと伝えます。

徳川氏は、慶長元年（一五九六）に代官吉田佐太郎による諸役免除と低年貢のお墨付きを妙典村の治郎右衛門に与えて、塩田開発を奨励していました。しかし、その目的は軍用第一の塩を安定確保するための塩浜の造成と増産計画の一環でした。

そのようなことから、行徳の俳人仲間が法善寺に句碑を建立したことは別の意味がこめられています。行徳塩浜は何百年以前より開発され、葛西御厨の篠崎郷内の東端に位置した江戸川の中洲に、伊勢神宮の神明神社の小祠がありました。行徳塩浜は神明神社の「御塩浜」であり、生産された塩は「御塩」として毎日の神事に使用されました。行徳様と呼ばれた人々がさまざまな技術指導をしました。

そのため、寛永一二年（一六三五）に小祠を本行徳一丁目の現在地に遷座した時に、塩浜一五カ村が寄進をして大社に造立したのです。行徳の神明神社は塩浜村々の惣鎮守で、行徳の俳人たちは、当然のこととして行徳塩浜の由緒を知っていたのです。法善寺は浄土真宗の寺であり、古くは徳川家康の領地

法善寺の潮塚

内でも一向一揆の中心勢力でした。そのような宗旨の寺院に、伊勢神宮の御塩浜である二見浦で詠んだ芭蕉の句碑を建立したことに、行徳俳人たちの意気を感ずることができます。

関ケ島～相之川地域（行徳街道を下る）

48 行徳の関

下河辺庄に属していた行徳の関

行徳の関が古文書に現れたのは、至徳四年（嘉慶元年、一三八七）五月一日付の香取大禰宜《おおねぎ》兼大宮司大中臣長房が出した譲状でした。そこには「ゆづりあたうる下総国かんとりの御神領ならひニ所職おなしき私領田畑等事」として十一項目を上げています。

そのなかに、「風早庄のうち戸か崎ならひニ大堺、下河辺のうち彦名の関、鶴曾根の関、きやうとくのせき（行徳の関）合五けせきの事」とあります。風早庄とは現松戸市一帯であり、風早庄内の戸ケ崎と大堺は現在の埼玉県三郷市にあたります。下河辺庄とは現野田市一帯をいい、彦名の関とは現埼玉県三郷市にあります。「鶴曾根の関」とは現地名は不明です。

なお、行徳の関は、江戸川の上流である野田市周辺を支配した下河辺庄に属していたことが分かります。それらは香取神宮の大禰宜家が知行する水路関であり、相伝所領としていたのでした。当時の江戸川（太日川）は渡良瀬川の下流部であり、本流でした。利根川も南流していて、東京湾に流れていました。

利根川は上流部で一部江戸川に通じていましたが、江戸川自体が現在の流れとは違っていました。改修したのは徳川家康です。一一～一四世紀にかけて、江戸川の上流域から香取海へ通じる水路があったとされます。

行徳の土地は、野田市一帯を本拠とする下河辺庄が支配する飛び地だったことになります。このように、行徳の関は香取神宮の知行地だったので、市川市域を支配した八幡庄という荘園には属さなかったのでした。

「香取文書」にある行徳関務のこと

至徳四年の一五年前、応安五年（一三七二）一一月九日と同年一二月一四日の書状にも、「戸崎関務事、大堺関務事、行徳関務事」として、川関の関務が大禰宜家に認められています。なお、以上の古文書は「香取文書」として「市川市史第五巻」に収録されています。

行徳の関は、記録に現れるよりずっと昔から設けられていたと思われますが、いつの頃からかは明らかではありません。

行徳の関が置かれていたのは、現在の地名で関ケ島という場所です。ただし、徳川幕府が江戸川の変流工事をした結果、関ケ島と湊の間にあった河口を締め切ったために、関ケ島の土地はかなり広くなりました。当初の島は現在よりもずっと狭く小さかったのです。

49 おかね塚

結衆は男八人の庚申塔

おかね塚は、押切二番の北側の角に建っています。その場所は、押切にあった商家の個人墓地です。その中に、阿弥陀如来像が立っています。像には、寛文五年（一六六五）一〇月一五日造立とあり、「誠三ケ年奉待庚申」の文字が刻まれ、庚申塔であることが分かります。

ただ、風化その他による欠損箇所があり、願文の趣旨および氏名が判読し難いのです。阿弥陀如来像は、蓮華座から上の高さが約一五〇センチ、幅六〇センチ、像の高さ約一一〇センチで、光背型になっています。

郷土史家の故遠藤正道氏の昭和五〇年（一九七五）頃の調査によると、「この石像の足元を一周する供養賛同者の数は、不鮮明分を含めて九四筆ある」とされます。いまではそれさえも定かに読み取れません。この造塔の結衆（のちの講中。地域ごとの集団）は男八人であり、造立費用の負担者です。

僧侶名が九筆あったとされます。それは各寺院の住職が、教主弥陀を主尊とする仏塔の建立であり、供養奉仕のため名を連ねたと思われます。

また、僧侶が庚申塔に名を連ねたということは、結衆の八人の男たちが、資産家あるいは権力者だったことを示しています。おそらく、行徳船津の商品回漕問屋や塩田の経営者などの有力者だったことでしょう。

庶民七〇名が浄財をはたいた理由

阿弥陀如来像の庚申塔

結衆の男たちの造立趣旨に賛同したのか、あるいは、別の動機があったのか、七〇筆の男女の名が二段重ねで刻まれています。乱雑な刻字の様子から、建立後のある時期に、石工が立ったままで石面をならして、何度かに分けて彫り加えたと思われます。

以上のことから、結衆の造立趣旨と願いが最初にあって建立され、いつかはわかりませんが、のちの時代になって別の原因の願いをこめて、七〇名もの「庶民」がわずかな浄財を投じて、名を刻んだものと考えられます。

押切二番の北側角の六叉路上に「行徳おかね塚由来碑」が建っています。由来碑文によって、阿弥陀如来像の庚申塔のことを「おかね塚」と呼ぶのだとわかります。

由来碑は、昭和五一年（一九七六）に押切自治会が建立しました。当時は墓地内にありましたが、今は道路上になっています。その由来碑に記されているような悲恋の物語が、実際に起こったとも考えられます。多くの「庶民」の心を揺さぶる感動の嵐が吹いたかも知れません。しかし、そのことが行徳船津の有力者の心をも捉え、僧侶を巻きこみ、庚申塔の造立にまで発展したかは疑問に思われます。欠字のある願い文の趣旨からもそのように思われます。

庚申塔は、人々の行き交う行徳船津の繁華街に建っていたことでしょう。庚申塔造立の願いも達せられた頃、衆目の集まる場所に置く必要もなくなったので、現在の場所に移されたと思います。行徳船津は、元禄三年（一六九〇）に新河岸に移されたので、その頃のことではないのでしょうか。

50 長山

長山という土手跡の小山は、押切の光林寺と押切公園の間を抜けて、おかね塚を通り、伊勢宿八番の細長い区画に通じていました。

おかね塚のところまでは、高さ二メートル、幅一〇メートルほどで、松林になっていました。古老の話では、三〇〇年を越す古木が何本もあったそうです。

その先の、伊勢宿の細長い区画の土地は、大正の頃に「高畑《たかばたけ》」と呼んだ高さ一メートルほどの土手跡でした。なお、新井村では、そのような土手跡の畑を「たかっぱたけ」と呼んでいました。

押切の高畑は、関ケ島九番の外れまで続きます。外れは、本行徳四丁目の行徳街道からの御神輿道に突き当たりますが、それを古老は塩場道といっています。

長山は、かつての江戸川河口だったこの地を締め切ったときの、締め切り箇所の外れに当たっていました。締め切ったのは寛永二年（一六二五）頃と考えられています。長山は、海側の締め切り堤防だったのです。

光林寺の南で、長山が途切れたところに、最初の祭礼河岸が造られました。今でいえば、埋立地に大きな荷揚げ場（埠頭）を造成したようなものです。

昭和の初期には、最初の祭礼河岸跡は既に畑地になっていました。そこにレンガ工場があって、田圃の中の無用の長物化した土手跡から、土を運んで来てレンガを焼いていました。

こうして、水田の中にくねくねと残っていた土手跡の微高地は、切れ切れになって、貝殻交じりのところだけが残りました。それでも長山は、辛うじて残っていました。行徳沖から帰るべカ船（海苔を採集する小舟）から、松の木がよく見えて目標になっていたのでした。特に、おかね塚の松の木は、からかさ松といわれていました。それも、昭和四〇年代（一九六五〜）の区画整理によって姿を消しました。

51 旅人宿志から

田所長左衛門は、寛永年間（一六二四〜一六四三）に近江国（滋賀県）信楽《しがらき》から行徳へ出て来て、製塩業に従事したといわれます。長左衛門は、押切の光林寺を創建したともいわれますが、来迎山光林寺は浄土宗今井淨興寺末で、開基は天文年中（一五三二〜一五五四）で三誉尊了和尚とされます。

田所氏は中洲氏の嫡流とされ、光林寺に中洲氏の墓碑があります。田所氏の先祖が中洲氏であれば、中洲氏を墓碑に刻んだ一族は江戸川の中洲（現江戸川区篠崎辺り）に居を構える人々だったことになります。「中洲」は地名であって姓ではない、とする見解があります。

郷土史家故遠藤正道氏によれば、墓碑には、中洲左衛門信儀夫婦之墓とあり、家臣夫婦の法名も刻まれています。そうであれば、「中洲」姓を刻んだ田所氏の先祖は武士だったことになります。

江戸川の広大な中洲を開墾した田所氏の先祖は、墓碑によれば天正一五年（一五八七）四月八日に没しています。また、田所源左衛門祖也ともあります。そのため、行徳の沿革にいう、田所長左衛門と田所源左衛門が同一人物か否かが不明になっています。

後年の田所家は、儀兵衛新田の隣に、信楽場という広い塩場を所有していました。また「旅人宿志からき」と看板を出した立派な旅籠を経営していました。信楽の田所家は、塩田の経営、旅籠の経営、そして両替商を営む本行徳の豪商だったことになります。

「しからき」は、常夜灯から行徳街道への出口にありました。「しからき」は信楽で一般には通用しています。

信楽に円山応挙が泊まった時に、幽霊の図を描き、それを信楽が手放し、今徳願寺にあるものがその図であるといわれます。

明治一四年（一八八一）四月三日に出火した行徳の大火事で、三〇〇戸以上が焼失しました。この時に、新河岸周辺の旅籠も焼失しました。一〇軒あった旅籠のうち復興できたのは信楽と銚子屋の二軒だけでした。信楽は、元の三倍くらいの構えにしたといわれています。

52 水神祭り

湊一番に水神宮があります。六月三〇日の夕方から九時半頃まで、湊自治会の主催で水神宮祭りが開催されています。近年は、六〇〇〇人を超える人出で賑わっています。

この場所には、元禄三年（一六九〇）に行徳河岸が移って来ました。弁天祠が祀られているので別名、祭礼河岸ともいわれました。

祭礼河岸は貨物専用の船着き場でした。旅人と小荷物は新河岸と呼ばれたところに着いたのです。祭礼河岸は、昼も夜も船の行き来の絶え間がなく賑やかでした。

元禄以後は、江戸川を下る夜船が盛んになりました。利根川を船で下り、境河岸に着きます。ここから関宿の関所を通って江戸まで下ります。船路は二〇里余でした。

夕方に出船、流山、松戸、国府台を過ぎて下今井村の新川口に着くのが明け方近くでした。一度、下今井の河岸に上がって朝食をとり、今度は小船に乗り換えて、新川、小名木川を通り江戸日本橋小網町に着きました。途中での上下船は禁じられていました。これは一例ですが、江戸川を暗いうちに航行する船はたくさんあったのです。

水神宮は、地元では水神様と親しまれています。昔から水神様の世話人のことを「火守り」といっていました。湊の人たちが火守りをしていましたが、かつて水神様では松明を焚いて船の航行の安全を図ったのでした。また、本行徳には常夜灯がありました。

水神様は、上流から流れ着いたものを祀ったといういわれも語られていますが、海側にあった弁天様を勧請したと思われます。

古老によれば昭和の初め頃（一九二六～）は、小学校へ行っている児童は桟橋へ行って、男も女も裸になってお宮の中を掃除して、それがすごく賑やかだったと語っています。行徳から神主さんが来て拝みましたが、今では船橋から来ているといいます。舟運の繁栄と安全、水難防止を祈願しています。

53 弁天山

干潟の中の島

行徳駅前二丁目一九番（旧湊村）の弁天公園の一部は、その昔、弁天山と呼ばれた三〇〇平方メートルほどの小高い丘でした。かつての弁天山は、行徳街道沿いの家並みから三〇〇メートルほど離れた田圃の中でした。樹齢五〇〇年を越すといわれた松の大木などがあって、女子供が一人では歩けないようなうっそうとした森でした。区画整理により現在の公園になりました。

弁天山の杜

弁天山のすぐ東側の行徳駅との間を、関ケ島、伊勢宿、おかね塚の東、光林寺の東を通ってきた水路がありました。それは、行徳駅前公園を通って福栄四丁目の福栄公園へ続いていましたが、これは、江戸川が太井川《ふとい》あるいは太日川《ふとい》と呼ばれていた頃の川筋にあった大きな澪の跡でした。

関ケ島、伊勢宿、押切はかつての江戸川河口跡（真水が通った跡）ですので、塩田にしても塩つきが悪く、湊村地先の澪跡周辺も同様でした。それでも海退と隆起により塩浜に開拓できる干潟が前進して、元禄の頃（一六八八〜一七〇三）には、弁天山と胡録神社を湾曲に結ぶラインに潮除堤が築かれました。

水路を越して塩浜が前進し、堤防が輪を広げるように築かれたのは享保後半（一七二六〜一七三五）、代官小宮山杢之進の時代でした。その時代に築かれた堤を、小宮山堤あるいは小宮山土手といいます。

弁財天はお舟玉の神

弁天山の沖合は古の昔、塩そのほか大船の売買の湊津でした。湊村の青山氏の祖が相州から移ってきて江ノ島の弁財天を勧請しました。弁財天はお舟玉の神とされます。なお、安芸の厳島の明神とご同体とされています。

寛延二年（一七四九）刊行の青山某著による「葛飾記」には、「湊村龍神弁財天へ龍燈度々上がる、みな拝す、但し今はなし」、「近来まで小柴を立て祈ること有りしなり」とされています。

また、元禄の頃に潮《うしお》除堤の際は、弁天山と呼ばれました。このときには拝殿がありました。徳川氏以前から、島の龍神として崇められていたのですが、寛延の時代には内陸になり、信仰の度合いも違ってきたことが窺えます。

弁天山の厳島神社には、神社の維持料のため、弁天免として一石六升一合の除地が与えられていました。本行徳の総鎮守である神明神社の除地五升六合と比べれば、どれほど破格の除地であったかがわかります。弁天山は徳川時代の初期に重要な役割を果たしていたのでした。弁天山の島は、胡録神社の島とともに行徳船津へ出入りする船の航行の目標とされていたのです。

54 行徳の花火

笹だんごは七五キロの餅を千切る

湊新田一丁目一一番に胡録神社があり、七月一四日には、湊新田自治会主催の祭礼が催されます。当日は、紅白の小さな餅をつけた「笹だんご」が参詣者に配られます。笹は解熱に効能があるとされ、笹の葉を煎じて飲むと熱病やカゼに効くといわれています。

笹だんごは、自治会役員、老人会、育成会の人たち九〇人ほどの手で作られ、トラック一台分の笹に、七五キロもの餅を小さく千切って、心をこめてつけられます。この胡録神社の祭礼には、昔から花火を打ち上げていました。

区画整理が実施される前（昭和三〇年代、一九五五〜）までは、見渡す限りの田圃の中に、神社の杜が島のようにそびえていました。実際にそれは、元禄の頃までは干潟に浮かぶ島だったのでした。

神社へ行くには、行徳街道から続く細い農道を、笹だんごを持って戻る人たちとやっとの思いですれ違いながら、真っ暗な夜道を歩いたのです。花火が真っ暗な空に開いて、きれいで素敵でした。区画整理後は、三五〇メートルほど離れた行徳駅前公園で花火を打ち上げました。バイパスから公園への道路は、露店などが出て大勢の人で賑わいます。その花火も、住宅が密集するようになってからは打ち上げられなくなりました。

花火の打ち上げは神事に由来

胡録神社の祭礼には、昔から神事として、朝のうちに白煙玉を打ち上げました。この神事が何に由来し因んだものかは、「葛飾記」「葛飾誌略」「勝鹿図志手繰舟」などの地誌にも明らかではありません。ただ、白煙玉は狼煙《のろし》の役割を果たします。そのため、沖に停泊する大船、小舟に湊津への出入港の合図として打ち上げたものが、そもそもの始まりと考えられます。

白煙玉の打ち上げは、鎌倉時代まで溯れると思われます。徳川家康が行徳を支配するようになってからは、行徳の舟運はますます重要になりました。小田原の北条家へ塩年貢を船で運ぶ時も、行徳船津への出入りは胡録神社の島と弁天山の島を目標に航行していました。徳川時代になってからは、塩浜開発が盛んに行なわれて、多額の資金が投資されました。享保の時代（一七一六～一七三五）頃には、胡録神社の土地も堤の内側になりました。そのため、白煙玉の打ち上げは実質的な役割を終えて、神事として伝承され、それに花火が加わって村の祭りになったのです。

胡録神社には、神社の維持料のため、第六天免として一石七升八合の除地が与えられていました。なお、「葛飾記」によれば、第六天は天竺の神であり、天神七代のうち、第六代面足尊《オモタルノミコト》、惶根尊《カシコネノミコト》とされています。

55 平和の碑

湊新田二丁目の行徳駅前公園内に「平和の碑」と刻まれた戦没者追悼碑が建立されています。公園の西側の角にあって、木立に囲まれて静かに時が流れています。

平和の碑は先の大戦、第二次世界大戦で戦死した南行徳町の兵士の遺族の皆さんが、浄財を出し合って昭和四七年（一九七二）八月一五日に建てたものです。戦後二七年が経っていました。

平和の碑には戦没者一七六名の氏名が刻まれています。また、平和の碑建設発起人として市川市戦没者遺族会第一五部会の部会長宮崎荒吉さんほか一六名のお名前があります。すでに多数の方が故人となられました。心より哀悼の意を表したいと思います。

大正一二年（一九二三）に刊行された「千葉県東葛飾郡誌」中の南行徳村誌によれば、南行徳村は戸数六五九、人口四〇一八人の農村でした。二〇年後の人口は五〇〇〇人ほどだったと思われます。戸数七〇〇戸足らずの村で一七六名の戦死ということは、大変な割合になります。また、元気に戦地から復員された方も多数おられますので、村中ほとんどの家が関わっていたと考えられます。

なお、行徳、南行徳のお寺には戦死した身内のお墓を建立された方々もおられます。

平和の碑に落書きをしたり、傷つけたりすることは慎みたいものです。戦争のない平和な時代が続くことを願ってやみません。

平和の碑建設発起人

部会長宮崎荒吉、副部会長宮崎国三、荒井清藏、世話人藤松ちゑ、山本すゐ、荒井旭、金子義雄、橋本末吉、田中信次、榎本惣次、中根みつ、竹内キヨ子、矢島まつ、片岡なか、横田きん、小川あき、清水うめ

戦没者氏名

中村安太郎、榎本金太郎、堀木松五郎、金子秀吉、吉野武雄、長沢金一、松原新助、柳田浅夫、佐々間福松、坂巻徳七、峯崎仁太郎、宮崎三郎、及川正吉、宮崎貫治、宮崎仙太郎、鎌倉正雄、福田良太郎、飯生豊作、鞠子正雄、米本廣、宮崎喜代治、宮崎巖、三輪芳三郎、清水權次郎、及川忠治、長沢金蔵、杉田秋太郎、大塚兼吉、山本三郎、生田清、吉野倉次、藤村伊左エ門、高橋与三郎、宮崎洋三、坂崎利二、尾頭久道、沢田信一、山田喜作、野崎茂助、野崎崎次郎、石田權次郎、近藤省三、矢島健蔵、石田勇、小川晃、小川好男、岡田留造、小川正太郎、片岡正一郎、斉藤留蔵、斉藤藤太郎、光田正雄、藤代巖、田中会之助、佐々木兵司、横田竹次郎、高橋敬治、中村昶二、増田源一、宮下敬吉、宇野良一、福田正治、増田稔、関口松次郎、斉藤由蔵、佐藤元、田沼利雄、矢島豊吉、田島丈平、吉田哲一、松原与一郎、竹内留吉、クスリヤ矢島春吉、矢島喜三郎、矢島市郎、矢島三次郎、矢島春吉、矢島芳太郎、狩野儀一、矢島安五郎、鈴木定吉、谷七郎、田中政雄、今井国、吉田国由、永井富雄、邦島浦吉、榎本春美、丸山稔、佐藤源治、江幡徳

之助、小出義男、高橋岩蔵、斉藤信義、中根伊助、浅田萬次郎、小川与五郎、田所太四郎、田所虎次郎、石井増造、石井与四郎、橋本伝造、橋本茂吉、小川潔、高橋初太郎、田中治、後藤栄二、関口巳之吉、関口仙之助、宮崎次郎吉、渡辺文吾、亀田雅彦、芦田徳次、素宮新太郎、石井金次郎、石井肇、関口清、関口四郎、関口政吉、高橋賢次、堀木重夫、金子保、金子征右、長沢壽彦、中村春吉、山田倉吉、松原銀造、恵美須文夫、青山新太郎、青山勝次、栄八郎、岸本磯雄、宮田高士、水野冨士、織原平次郎、田中源太郎、中村仙太郎、宇田川房治、七條浅治、石田金光、宇田川正吉、矢作春吉、青山政雄、佐藤源治、北川喜之助、荒井周、岩瀬宗吉、飯田途吉、及川七造、田所弘、數崎家助、藤松達之助、福田定吉、吉野石五郎、長谷川正義、石井栄次郎、石井秋蔵、堀木三四郎、青山義勝、荒井高次郎、斉藤正明、平松良吉、永井隆次郎、萩原福二、眞壁竹次郎、田中平八、廣瀬友治、山本久仁雄、川崎久四郎、加納房吉、矢島芳次郎、田中台、橋本伝蔵、長沢嘉彦、河崎久四郎、石田肇

56 槙屋の渡し

槙屋《まきや》の渡しは、明治八年（一八七五）一二月四日に許可されました。欠真間村から瑞穂村当代島（江戸川区江戸川二丁目）への渡しです。明治四〇年（一九〇七）の調査では、川幅七六間（一三八メートル）、水幅七六間となっています。渡しの現在地は、相之川一丁目一番にある欠真間排水機場の上手辺りになります。

明治四三年（一九一〇）の船賃は、片道で大人二銭、子供一銭で、自転車は三銭、小車四銭でした。どこの渡しも、人と自転車は同じ運賃だったようです。荷車だけは、島尻の一軒家の渡しでは五銭と一番高かったのでした。大正五年頃で、一銭で大きな煎餅が二枚買えるくらいの、大変安い値段でした。渡しには、伝馬船《てんません》という幅広の底の平たい船を使いました。浦安では二隻を使いましたが、槙屋の渡しでは記録がなく、船数はわかりません。

槙屋の渡しは、日中はとても暇だったようです。この渡しは、槙（薪）屋の兼さんという人が船渡しをしていました。兼さんはそのかたわら瓦を焼いていましたが、その土は、源心寺のすぐ南側の田圃の長い土手から採って来ました。

また、新井村には昔、城山《じょうやま》という微高地があってその土を瓦を焼く粘土にするために売った、という古老の話もあります。買った人は兼さんかどうかはわかりません。

このように、江戸時代初期から中期にかけての潮除堤の土は、大正、昭和の頃、良質の粘度土として瓦の原料になったのです。

破損した堤防の修復箇所には、貝殻をたくさん入れて突き固めましたので、堤としては丈夫になりますが、瓦の原料としては使えません。そのため貝殻混じりの堤跡が、区画整理をするまではところどころに残っていたのでした。

57 鹿野浄天

秀吉に敗れて侍を捨てた浄天

鹿野浄天の墓は、香取一丁目一六番の浄土宗西光山源心寺にあります。

浄天の父一庵は、伊豆加茂郡加納村（伊豆鹿野庄）の出身で、北条氏政の弟氏照の祐筆《ゆうひつ》でした。祐筆とは右筆とも書きますが、文官のことで「武家の職名、貴人に侍して文書を書くことをつかさどった人」をいいます（広辞苑第四版）。

一庵は武辺でしたので、侍大将となりました。天正一八年（一五九〇）六月二三日、二、三千人の兵で八王子城に籠もり、秀吉軍五万余騎と戦って討ち死にしました。

北条氏滅亡後に、一庵の息子の一人が行徳の地へ来ました。二男か三男かわかりませんが新右衛門といい、のちの浄天とされています。浄天には、兄主膳と弟新左衛門という二人の兄弟がありました。

浄天は田中内匠とともに、元和六年（一六二〇）に幕府へ潅漑用水路の開削を願い出ています。浄天は、その九年後の寛永六年（一六二九）三月一五日に亡くなっています。年齢は不明です。浄天の亡くなった年から考えて、寛永年間に内匠堀が開削された根拠の一つにあげられています。

寛永六年は、奇しくも最初の塩浜検地が実施された年であり、江戸時代を通じて最高額の年貢永が課せられた年でもあります。

その年はまた、家康、秀忠、家光三代にわたって合計六〇〇〇両もの大金を下賜して、塩浜開発のための工事を実施した結果、当代島から稲荷木までの一六カ村でいっせいに塩を採り始めてから、数年後にあたります。

本行徳以南は浄天の子孫の業績か

農耕地はほとんどありませんから、当初は塩で年貢を取ったのです。水田耕作ができたのは、現在地名でいえば、市川南、新田、平田、大洲、南八幡、鬼高などの地域でした。それらは行徳領の内ですから、その辺りまでは現在の国道一四号線（千葉街道）の市川砂州を掘り割って、内匠堀を掘り進んだと思われます。そうであったとしても、使用後の真水の悪水は、盛んに塩焼きをしている稲荷木、大和田、田尻、高谷の村々を縦断して塩浜地先の海岸へ落とすことはできなかったのです。真水と塩浜は両立しないからです。

そのようなことから、稲荷木から当代島までの地域は、塩浜普請が中心で、農耕地に転換できる荒浜ができるまで、滝漑用水路の開削はしなかったと考えられます。

特に、寛永の頃の伊勢宿、押切、湊、欠真間、新井までは、江戸川と海岸との距離が一〇〇〜二〇〇メートルほどしかなかったので、農耕地がほとんどなかったのでした。

元禄の頃（一六八八〜）になって、ようやく当代島まで開削されたと思われます。海退があって塩浜が前進したこと、六〇年使った塩浜が、ようやく新浜の後背地となって、塩気が湧かなくなり荒浜となったこと、などから農耕地（水田）への転換が可能になったからです。

行徳地域の内匠堀の開削工事は、田中氏と狩野氏の子孫の手によるものと思われます。

58　お成り道

海岸沿いを通った家康一行

徳川家康が通った相之川の古道を、お成り道といいます。本行徳では、権現道といっています。お成り道は、相之川一丁目二三番の相之川自治会館向かいの路地が始まりです。同二一番と二四番の地境を下ってバス通りに出ると、すぐ左向かい側に路地があり、一七番と一八番の間を進みます。この路地は、相之川一丁目二番の日枝神社の境内に突き当たります。

日枝神社は万治二年（一六五九）の創建とされ、家康や秀忠が通った頃（一五九〇〜一六二三）はなかったものです。境内を抜けるとバス通りですが、現在は行徳街道と呼ばれています。

相之川のバス通りは、江戸川沿いの自然堤防の一部であり、標高の高い土地でした。家康が来た頃にも、細い道くらいはあったのでしょうが、本道ではなかったのです。バス通りと堤防との間に、平行してある道路付近が昔の堤防跡になります。

相之川のお成り道は、自然堤防の斜面をゆるやかに下った海岸沿いにあったと思われます。左には防風林のように、樹木や笹竹が生い茂った自然堤防があり、右手は葛飾の浦であり、波が打ち寄せる砂浜と湿地帯があったのです。

日枝神社から直線で進むと、バス通りは二又になり、お成り道は左へ進みます。今は行き止まりになってしまい、古道が不明ですが、大昔は、この先のどこかで右に曲がって現在の欠真間のバス通りに出たのです。

社寺は村外れに造った

寛永六年（一六二九）の検地で、欠真間村も塩浜年貢を納めることになりました。この頃までには、働く人々をはじめ、人口は増えたことでしょう。

欠真間には、天正元年（一五七三）創立の正念寺（後年、改築されて源心寺となる）がありました。大昔、お寺や神社は、村外れや、耕地にできない荒れ地などを与えられて造られました。耕作地は貴重だったからです。

江戸時代初期、源心寺前の道路は街道ではなく、源心寺への参道脇の細道でした。お成り道は、源心寺と江戸川との間を通じていたのです。ですから日枝神社の場合も、欠真間村の出入り口に近い、川から離れた村外れに造られたのです。神社の側まで海岸だったと考えられます。欠真間村の一部だった相之川は、当時ですら未開の地だったのです。

お成り道は、昭和二〇年～三〇年代（一九四五～）の頃、新井の小・中学生が南行徳小学校や、同敷地内の南行徳中学校へ通う通学路に利用していました。

59 吉田佐太郎陣屋

了善寺は要害の地

行徳塩に関して吉田佐太郎の名が記録に現れるのは、慶長元年（一五九六）正月晦日付けの「新塩浜開発御書付写し」として、「塩浜由来書」に記されたものでした。由来書は、「市川市史第六巻」に収録されています。

代官吉田佐太郎が行徳を直接掌握したのは、慶長元年~同五年（一五九六~一六〇〇）までの五年ほどでした。以後は、佐渡の金山奉行として名があります。行徳へ来る前は、下総の佐原から小見川を支配していました。職歴を見ると、徳川家に必要な開発地を転籍したようです。

代官吉田佐太郎は、相之川の浄土真宗親縁山了善寺に陣屋をおきました。了善寺は、応仁二年（一四六八）慈縁和尚の開基とされます。慈縁和尚は、足利持氏の家臣吉田佐太郎という武将だったと伝えられています。同姓同名ですがつながりはわかりません。

了善寺の地は小高い場所でした。ここから南へ一〇〇メートルほどのところに、城山（新井一丁目）がありました。ここにも古くは、武将の館があったと伝えられています。

了善寺から江戸川方面へ一〇〇メートルほどのところに、徳川家康や秀忠が東金その他へ行く時に通ったお成り道があります。了善寺の寺地は、欠真間、湊の弁天祠、妙典の浜まで、相之川から見渡せる絶好の位置にあったのです。また、江戸川を渡河して来る家康一行を出迎える要害の地でもありました。

境内から石櫃発掘、鏡、太刀が出土

了善寺から南の海上を見ると、右手に新井の地があり、その先が右へ海が回り込み、当代島の地がありました。新井と当代島の間は浅海で、澪筋を船が航行して船堀川（のちの新川）へ入り、江戸へ年貢の塩を運んでいました。新井と当代島が完全な陸続きになったのは、もう少し後のことで、徳川幕府の江戸川変流工事によってです。

昭和四〇年代（一九六五〜）になっても了善寺の境内は、高さ二〇メートルもある樹木に覆われて、昼なお暗い寺地でした。周囲は土塁で小高く、堀も巡らされていました。

文化一〇年（一八一三）に、「勝鹿図志手繰舟」を刊行した行徳金堤（新井村の名主鈴木清兵衛）は書の中で、三〇年前に境内に井戸を掘ったところ石櫃《せきひつ》が出て、鏡、太刀などが出土した、と書いています。

60 今井の渡し

連歌師宗長が訪れた

相之川一丁目二三番と二七番の間の道路が、江戸川堤防に突き当たりますが、その対岸が江戸川区側の今井橋の架橋部分でした。今その場所に、今井橋と表示のある木製の古い標柱が立っており、すぐ側に「今井」バス停があります。今井の渡しは、そのすぐ上流、江戸川区江戸川三丁目五三番にありました。相之川側には、現在も表示は何もありません。

古くは永正六年（一五〇九）、連歌師柴屋軒《さいおくけん》宗長が訪れ、紀行文「東路の津登《つと》」を著しました。角田川（隅田川）の川舟で、葛西の庄の河内を、葭葦《よしあし》をくぐりぬけながら半日ばかりで今井の津に着き、迎えの馬で浄興寺へ行って、国府台の真間の継ぎ橋を見て、中山の法華堂本妙寺に一泊、千葉の小弓まで足を運びました。

天正一八年（一五九〇）以後、徳川家康が行徳を支配するようになってからは、当代島の開拓に功績のあった田中内匠が、農業渡しとして今井の渡しを開いたとされています。しかし、実際には古くからの渡しはあったものと考えられ、田中氏が、正式に権利を得た、ということだと思われます。渡し船持から田中氏へ上げ銭が出ていたと「葛飾誌略」にあります。徳川家康も秀忠も、今井の渡しを渡って東

今井の渡し「原寸復刻江戸名所図会（下）」（評論社）より

金へ鷹狩に行きました。帰りは市川の渡しを渡っています。明治四〇年（一九〇七）の調査では、川幅一一四間（二〇七メートル）、水幅六〇間（一〇九メートル）、寛永八年（一六三一）一〇月の許可とされています。

欠真間から今井へは渡さなかった

今井の渡しは、当初は今井の船頭が渡していました。行徳からの渡しは一切禁じられており、江戸からの旅人は、女を除いて欠真間へ渡しました。近郷の村人は渡しました。

寛永の時代になると、欠真間村の船頭が扱うようになりました。正保元年（一六四四）に、生實城主森川半弥重政の家来男女二名が、今井へ渡ろうとして磔《はりつけ》刑になっています。

江戸時代初期、佐倉道（千葉街道）とは、本所竪川通り亀戸逆井渡しを渡り、小松川村小名四つ又（今は荒川の河中になっている）から二又に分かれ、左へ行く道筋を言いました。後年、それは旧千葉街道と称せられました。この二又を右に行く道が「行徳道」で、東小松川村、西一之江村、東一之江村を経て今井の渡しに達する直線道路でした。

今井の渡しは関所がありませんので、行徳へ出て船橋から成田あるいは千葉方面への便利な街道でした。ただし、帰りは市川の関所を通るか、本行徳から行徳船に乗るしかなかったのです。

明暦三年（一六五七）、今井への舟越しについて、新たに運上金を差し上げるので、長く免許を願いたいとして、郷中より代官伊奈半十郎へ願い上げました。ところが、行徳船の障りになるから、との理由で許可されませんでした。

今井橋は、大正元年（一九一二）に架けられました。今井の渡しの役割はその時点で終わりました。今井橋は、昭和二六年（一九五一）一月に架け替えられ、さらに昭和五四年（一九七九）に現在の今井橋になりました。（二〇九頁「江戸川の渡し跡」を参照）

61 道標

大きな中洲があった

昭和三〇年代（一九五五〜）頃でも、相之川一丁目二三番と二七番の土地は江戸川の干潟でした。当時の今井橋交番は、道路の反対側の二六番にあり、今井橋を渡り切った突き当たりでした。干潮時間には川の中程まで干潟になり、その先の橋の下で、大きな四角い網でシラウオ漁をしている舟をよく見かけました。

明治初期（一八六八〜）の頃は、葦がぼうぼうに茂った河川敷があり、それは相之川の前にあった中洲でした。この中洲は、昭和二九年応修の東京東北部、昭和二八年応修の東京東南部の地図にも描かれています。

今井からの渡し船で河川敷に降りると、まっすぐに土手に上がりました。その土手から前方を見ると、小さな香取神社がありました。香取神社は、今井の渡し船の守護神とされ、江戸期には相之川の百姓の九軒持ち、明治期は一八軒持ちでした。そのうちの一軒が、市川の渡しで明治天皇をお渡ししたとの由緒のある家です。

新井や浦安方面へ行く人は、香取神社を右に見ながら、斜めについた土手からの道を神社側に降り、土手下に沿った道をたどってお成り道に出たのです。

なお、昔の相之川から新井、浦安への主道路は、了善寺の参道の細い道がそれで、行徳から来ると左折し、お成り道に出てから右折、次に左折すると新井村へ行けたのでした。明治初期の地図によると、行徳から今井の渡しまでの道路が、相之川地区を直線で渡し場まで来ています。

本行徳と浦安への道標が二本あった

明治二六年以降（一八九三〜）になると、古い家並み道の方から土手に沿って人力車が来て、河川敷にあった渡し小屋まで降りて来るようになりました。その土手は、汐入の葦地の中に江戸川に突き出て造られた導流堤の跡でした。洪水になった時、水流を江戸川区側へはじき返して、相之川や新井の側の

浦安への道標

堤防を守るための江戸時代の堤防跡でした。このような導流堤は、本行徳に至るまで数箇所あったのですが、沿岸の人たちは近年まで「キリップ」と呼んでいました。キリップにより、通常の時は水流調節されるので、行徳船その他の航行する船の水路と荷揚げ場の水深を確保していたのです。

道標は、その導流堤跡の土手の降り口に立っていました。正面に「東房総街道本行徳驛江廿五町廿二間欠真間村」、左側面に「明治六年十二月」と刻まれていました。本行徳までは、換算すると二七七〇メートルになります。

また、明治八年二月には「南　距新井邨六町三十六間　距當代島邨十二町三十六間　距猫實邨廿町五十二間三尺　距堀江邨廿三町十二間三尺」と刻まれた道標が建立されました。新井村まで七二〇メートル、当代島村まで一三七五メートル、猫実村まで二二七八メートル、堀江村まで二五三三メートルになります。道標は現在、市立市川歴史博物館に展示されています。

62 蛇山

欠真間一丁目六番の南行徳小学校の敷地内に、昔「蛇山」と呼ばれた野地がありました。昭和三〇年（一九五五）頃、木造二階建の小学校舎は北東側にあり、中学校と国府台高校の分校がある校舎が南西端にありました。当時の中学校は各学年とも三クラス編成で、国府台分校は夜間部でした。校舎間に体育館がありました。

中学校の二階から、南東方向に、ご猟場や塩浜の海岸が見えました。校庭と周囲の水田とは、土盛りしただけの堤防がぐるりと囲む、のどかな風景でした。その土手と中学校舎との間、右側の土手の脇に当時は相撲をとる土俵がありました。現在はプールなどの施設ができています。蛇山は、その辺りにありました。

蛇山は、新井から押切へ続いていた元禄（一六八八～一七〇三）の頃の堤防跡（へび土手といった）の連続する一つでした。

大正一〇年（一九二一）三月に、南行徳尋常小学校敷地となるまでは、バイパス方向から堤防跡が続いて来て、そこは貝殻などがあり、耕そうとしても鍬などが刺さらないほど固かったといいます。その場所では、古くは行き倒れ人、漂着した水死人、疫病死した人などを火葬にしたといわれています。古い堤防跡地をそのように利用していたのです。

塩を採る方法が、揚浜式であれば堤の外側に塩浜があり、入浜式なら堤の内側に塩浜がありました。元禄の頃は二つの方法が混在して、入浜式への転換期にあたっていたのです。いずれにしても、海岸は校庭のすぐ近くにあったわけです。役目を果たした潮除堤は、今では小学校の敷地の一部として、児童の成長をあたたかく見守り続けているのです。

なお、蛇山と呼ばれる堤防跡地は、相之川、本行徳など各所にもありました。

新井、当代島地域

63 へび土手

ツクシンボが生えていた土手

へび土手とは、新井や相之川の古老がそう呼んでいた潮除堤跡の土手のことで、当代島の善福寺裏から浦安・市川市民病院の敷地を抜け、新井二丁目を通って相之川二丁目から欠真間一丁目へ、くねくねと湾曲しながら続いていました。

それは、昔の海岸線を想像させるものです。そして、現在の南行徳小学校と市川・浦安バイパスとの間を通って、香取、湊新田、湊、押切へと続いていました。

大正～昭和にかけて、南行徳尋常高等小学校へ通った古老たちが「通学するのにツクシンボが生えたへび土手を歩いた」と語っています。そのへび土手は、昭和四〇年代（一九六五～）に区画整理が実施されて埋め立てられるまで、耕されて畑になっていました。また、瓦やレンガを焼くための原料として土手の土が使われたりして、あちらこちらで切れ切れになってはいましたが、目にすることができました。

へび土手は、元禄の頃に築造された潮除堤や耕地囲堤と考えられています。新井二丁目地域では、市民病院辺りからの堤跡が一度バイパス方面へ大きく湾曲して、新井小学校入り口の看板があるバイパス交差点辺りから熊野神社へ向かう水路跡へ戻り、内匠堀に沿って相之川二丁目へ向かっていました。途中、お経塚方面へ続いた堤もあったようです。新井地域では、内匠堀のすぐ側に堤跡があったりしましたが、相之川ではつかず離れずという距離でした。

湊新田、湊、押切方面では、胡録神社、弁天公園辺りが、元禄潮除堤の湾曲した先端部分の一つと推定されています。

伊勢宿、関ケ島方面は、光林寺の東を通り、おかね塚横から伊勢宿自治会館の敷地部分が、当時の潮除堤のラインにあたります。この前面には、本行徳へ続く重要な澪《みお》があり、元禄三年（一六九〇）に江戸川筋へ行徳船津が移転するまで、江戸日本橋からの行徳船がその澪を通って行徳河岸へ着いていたのでした。

写真に写ったへび土手

なお、へび土手の一部が写真に残っています。「市立南行徳小学校創立一二〇周年記念誌」、平成五年（一九九三）一〇月九日発行の八頁、「昭和二七年（一九五二）頃」と注釈があります。へび土手は、航空写真の上部に写っています。生徒たちは人文字を作っていますが、小学生だった著者もこの中にいたのです。

64 城山

鎧兜が出土した

城山は、新井二丁目一番と六番辺りにあった微高地で、昭和の時代になっても、区画整理が実施されるまで畑になっていました。かつては塚のようになっていて周囲よりはずっと小高い土地でしたが、瓦を焼く粘土にするために土を売ってしまったのです。

また、城山からは昔、鎧兜が出土した、と新井の古老が祖父から聞いた話として語っています。

城山から続く微高地をたどって行くと、蟹田公園を通り新井一丁目二番のバス通りに出ます。新井のバス通りは、江戸川の氾濫によって形成された、自然堤防といわれる標高二〜三メートルの微高地でした。

城山と呼ばれた小高い土地があった場所から一〇〇メートルほど離れて、相之川二丁目一二番に浄土真宗親縁山了善寺がやはり微高地上にあります。その中間に今井橋から塩浜に抜ける三〇メートル道路があり、今井橋から城山にかけての地域では、その道路のラインが一番標高の低い土地でした。

そのため、北条氏が支配していた頃や、徳川家康が江戸へ入府した頃は、江戸川が洪水になるたびに現在の広尾地域を水浸しにし、溢れた川水が了善寺と城山の間を流れたと推測できます。城山は、自然堤防の海側に張り出した先端部分だったと思われます。

新井の海岸を見渡す絶好の地

城山の南側部分は、今は新井二丁目六〜一二番になりますが、そこは古くは塩浜新田という字になります。また、新井一丁目一四、一五、二七番の辺りは、字潮田通りといわれた江戸時代初期の塩田跡地です。

したがって、塩田開発が、徳川幕府の強力な後ろ盾で軌道に乗るまでは、新井地域の塩焼きは自家用としてわずかに焼いていた程度と思われます。

城山は、新井の海岸を見渡せる絶好の位置にあったといえます。

65　お経塚

火定した新井寺の和尚

新井三丁目一六番に、お経塚が祀られています。その中に「法華書写塔、為妙栄信女也、元禄一〇年（一六九七）一〇月六日」と刻まれた石塔があります。女性のものですが、その女性は誰なのか、いつ頃、なんのためにここに建てられたのかわかっていません。

そもそも、お経塚と関わりがあるものなのかも不明なのです。ほかの場所にあったものを後年になってここへ移したとも思えます。しかし、元禄の時代は当代島から押切にかけて潮除堤（防潮堤）を盛んに築いた時代でしたから、それに関わりのあった人かも知れません。

「千葉県東葛飾郡誌」には、

「御経塚、南行徳村新井にあり、小丘四坪余り今畑地たり、伝え云う、元禄一〇年、新井寺《しんせいじ》第四世慈潭《じたん》和尚、当時地の海辺に住して、常に風濤《ふうとう》の害を免れがたきを憂い、土塔を築き法華経を貝に写して埋め、もって災害を除かれんことを祈れる所なりと、かつてその経具を発掘せることあり……」

とあります。

昭和四三年（一九六八）六月三〇日に書かれた「御経塚由来記」には、

「宝永年間（一七〇四～一七一〇）当地一帯は凶作飢饉あいつぎ、悪疫流行し、為に人心麻のごとく乱れ、世相混乱の極に達したため、慈潭和尚は座視することできず、二一日間の断食祈願の後、海辺より貝殻を集め、それに法華経を書き写しこれを土中に並べ、その上に座り火定（生きながら火葬になること）し人柱となった」

とあります。

新井一丁目の旧家には、すすで真っ黒になった桐の箱に幅二〇センチほどの経文が納められていて、それには慈潭和尚の名前と判があり、宝永三年（一七〇六）正月吉日・第五七八巻と書いてあったということです。

なお、「葛飾誌略」では、「自潭和尚大般若を書いて水難除け祈祷に築きしという」と記されていて、お経は大般若経としています。新井寺は禅宗で、普門山といいます。

堤防の修復に貝殻を使用

元禄一六年（一七〇三）～宝永七年（一七一〇）までは元禄大地震、村内水丈三尺もの江戸川の大洪水、長雨、大津波、富士山大噴火による降灰、連年の小津波などの災害が続きました。ですから、新井村の人々は、潮除堤の修復に励んだと思われます。

壊れた堤防を直すためには、貝殻を土に混ぜてそれを突き固めました。鍬が刺さらないほど固くなるのです。

行徳は、瀬戸内と違って石が採れない土地なので、堤防は土手でした。堤防の強化のため葦萱《あしかや》を堤の周辺に植えたり、百足杭を堤の前面に打ちこんだりしたのは、もっとのちの時代（享保）になってからでした。慈潭和尚の貝殻は、堤の修復と関係あると思われます。火定した慈潭和尚の亡骸は、人柱としてその一部が堤内に葬られたのでしょう。

お経塚は、元禄の頃に築かれた潮除堤の湾曲した先端部分の外側に位置していたものと推定されます。昭和四〇年代（一九六五〜）になって区画整理が実施されるまでは、見渡す限りの稲穂の海の中に、こんもりと樹木が茂ったお経塚が遠くからもよく見えていました。

66 ねね塚と首きり地蔵

駆け落ちして今井の渡しで捕まる

正保元年（一六四四）、下総生實藩（現千葉市中央区生実町付近）一万石、六代目藩主森川半弥重政

延命寺の首きり地蔵

の家来男女二人、久三郎とイネが駆け落ちをし、今井の渡しから川越えをしようとしました。駆け落ちというのは表向きの罪名で、実際は生實藩に内紛があり、江戸表へ注進に及ぼうとして捕らえられたのかも知れません。徳川の御親藩としては、事件を闇に葬るための方便だったとも考えられます。

今井の渡しは江戸から来る人は渡しますが、江戸へ行く人は渡すことが禁じられていました。小岩・市川の関所の抜け道になるからです。それに女性は、いっさい渡すことを禁じられていたのです。江戸から出る女性は手形があっても絶対に渡しませんでした。

欠真間村と鎌田村の船頭は、相談して法外な料金で渡しました。もちろん船を使っても使わなくても違法なのです。結局、鎌田村の船頭と欠真間村船頭およびその女房の三名は磔刑となり、それぞれの菩提所に引き取られて葬られました。

久三郎とイネも磔となり、渡し場の下流一丁（約一〇九メートル）ばかりのところに埋められました。それは極刑でしたが、他の人たちへの見せしめのためでした。そして、印のためにそこに石地蔵を立てて「ねね塚」といいました。その場所は、文化七年（一八一〇）の頃にも「磔場」という字名がついていた場所でした。ところがいつの頃にか、江戸川の洪水のため、石地蔵ともども川へ埋もれてしまいました。

延命寺の和尚が地蔵を再建

寛政七年（一七九五）七月一〇日になって、新井村延命寺の和尚が石地蔵を再建しました。その石地蔵は、現在の新井水門の近くに長い間あり、近隣の人たちが願かけをする時は、首を取って草の中に入れてお願いをしました。だから、いつ行っても首が落ちていました。首がないと願かけをする人が困るので、新しい首を作ってしまうため、首がいっぱいあったのです。いつの頃から、首きり地蔵として願かけが行なわれるようになったのか、定かではありません。

新井水門と今井の渡し場跡とは、約六丁（六五四メートル）ほどの距離があります。再建された時に、もともとの場所と違うところに立てたと思われます。

昭和六一年（一九八六）六月、寛政七年再建の地蔵の老朽化が著しいとして、新たに再建されました。この新しい地蔵尊は、現在は新井一丁目九番の真言宗宝珠山延命寺に安置されています。

なお、昭和四八年（一九七三）一月に作成された市川市字名集覧によれば、礫場という字名は現在では存在しません。

67 新井川

熊野神社裏まで水田だった

新井川は、新井堀ともいいます。現在は一部が緑道公園で、江戸川への出口の排水機場周辺が水路となっている全長五〇〇メートルほどの水路でした。「葛飾誌略」の新井村の項に、「川幅五間ばかり。元禄お縄入り後（一七〇二〜）これを開くという。利根川の枝川なり」とあります。

新井一丁目一一番五号の、新井自治会館の建物の横の路地は、広尾二丁目地区への出入り口ですが、その道路が新井堀のオンドマリであり、船溜まりがバス通りに面した場所にありました。自治会館が建っている場所あたりが昔は荷揚げ場所になっていたのです。バス道路下は、暗渠になっていて水門があり、延命寺から熊野神社の横を流れ、新井二丁目一二番と一三番の間の内匠堀へ通じていました。

新井堀は元禄検地後に掘られていますので、内匠堀からの潅漑水利用後の落としだったことがわかり

新井川跡の水路

ます。行徳地域の内匠堀は、元禄頃の開削と考えられます。ようやく、水田に転換する荒浜が増えたからです。

元禄の頃の海岸線は、現在のバイパスと内匠堀との間に潮除堤（これをへび土手といった）を築いたその外側にあったと考えられます。塩田を水田に転換した耕地は、内匠堀と新井村の集落との中間にありました。

当時の集落の外れは、熊野神社の裏手の細い路地の辺りだったと思われます。その水田に供給した真水を、塩田内を通過して海へ落とすなどということは非常にはばかられたわけです。「真水押し」といって、塩田にとって真水は大敵だったからです。したがって、江戸川へ落とすための水路を掘ったのです。

真水押しを恐れて江戸川へ排水

また、新井村は集落と江戸川との間に、広い未開墾地（現在の広尾地区と新井一丁目一九〜二五番の地域）をかかえていました。そこは古来から、江戸川が氾濫すると洪水があふれて海へ流れた地域でした。この地域を開拓するために、内匠堀から水路を三本引きました。一本は、相之川の了善寺近くから分水して広尾地区へ通じるもの、次は新井自治会館横のもの、三本目は現在道路になっている新井小学校横の川筋でした。

なお、新井村の辺りでは、江戸川の水は塩分が濃くて農業用水として使えませんでした。この地域で使った余剰水を、この水路で再び内匠堀に戻して浦安へ送ることは困難でしたので、新井堀を掘って江戸川に落としたのです。東京湾へ真水を落とすようになったのは、近代になってからのことです。

新井村の堀とバス通り下の圦樋は、湊村の圦樋に次いで古いものです。湊村の圦樋も、内匠堀が光林寺脇から法伝寺、源心寺裏へ、元禄の時代に掘られたときに、真水押しを防ぐため江戸川へ排水するために掘られたものだったのです。

68 一軒家

島尻は欠真間村の出作

新井に住む人たちは、昭和四〇年代（一九六五〜）になっても、島尻地区のことを、一軒家《いっけんや》と呼んでいました。長い間、住宅がなく、倉庫などの建物もなく、蒸気船のキップ売り場に使った建物一軒しかなかったからです。

島尻は、もと欠真間の字のうち、内島尻、外島尻が、昭和三一年（一九五六）独立して大字になった区域です。昭和五二年（一九七七）の住居表示実施の時、東端の一部が新井に編入されています。ここは浦安市当代島との地境で、当代島から見ると自然堤防の北の端にあたるので、島尻と名づけられたのでしょう。古くは、当代島そのものも「灯台島」といわれる島だったと考えられています。

島尻周辺は古来からの底湿地帯であり、欠真間の飛び地で出作でした。江戸時代、行徳船の盛んな時に、島尻に船着場があったかどうかはわかりません。

浦安最初の蒸気河岸

明治（一八六八〜）になって、利根川丸という蒸気船が明治四年（一八七一）から江戸川を上り、埼玉県中田まで行くようになりました。

明治一〇年（一八七七）、通運丸が深川の高橋から行徳まで運航しました。なお、行徳船は明治一二年（一八七九）に廃止されました。

明治二七年（一八九四）、浦安の人たちのために、島尻に蒸気船の発着所を造りました。蒸気河岸と呼ばれ、キップ売り場がありました。その発着所を一軒家といったのです。その場所は、船圦川（いまは緑道になっている）の川口橋から島尻へ二〇〇メートルほど行った江戸川に面したところ、とされています（浦安町誌）。

明治四〇年（一九〇七）、島尻の一軒家では浦安の中心地から不便だとして、現在の浦安橋際に蒸気河岸を移転しました。また明治四三年（一九一〇）には、『青べか物語』に船宿千本として出てくる吉野屋付近にも蒸気河岸を設けました。しかし、その後も一軒家は存続して、蒸気船の運航が中止される昭和一九年（一九四四）まで蒸気河岸の役割を果たしたのです。

明治四三年当時の寄港場所は深川高橋〜（途中略）〜新川口〜一軒家〜浦安〜堀江〜槙屋（欠真間）〜湊〜押切〜行徳でした。

なお、大正八年（一九一九）からは通運丸が譲渡されて、東京通船に変わりました。また、大正一〇年（一九二一）には葛飾丸が就航して、船宿の吉野屋地先を発着所としました。
現在、浦安の蒸気河岸というとここを指すことが多いのです。

69 避病院

収容を嫌ってかえって蔓延

大正元年（一九一二）一一月八日、浦安町当代島と南行徳村新井との境に、浦安町・南行徳村組合立伝染病舎が完成しました。工事費は三七〇〇円で南行徳村一、浦安町二の割合で出資しました。当時の人たちは、伝染病舎のことを「避病院」と呼びました。避病院に収容されることを恐れる人もいて、かえって伝染病が蔓延することもありました。

昭和四〇年（一九六五）一〇月、伝染病舎は葛南病院として発展し、現在は浦安・市川市民病院として地域住民の健康を守る大切な役割を果たしています。

明治一三年（一八八〇）に法定伝染病として、コレラ、赤痢、ジフテリア、発疹チフス、痘瘡《とうそう》が指定され、同三〇年（一八九七）には猩紅熱《しょうこうねつ》とペストが加わり、同四〇年（一九〇七）にはパラチフス、流行性脳炎が加わり九種類となりました。その他に、肺結核、性病、流行性感冒、百日咳、流行性脳脊髄膜炎などに対する予防、救護の法が定められました。

行徳、南行徳、浦安地域では、上下水道がなく、公衆衛生が行き届きませんでした。さらに伝染病のことを疫病あるいは流行病といい、天命、神罰だと考える人が多く、消毒などに注意を払う習慣がありませんでした。

コレラが大流行

この地域は、たびたびコレラが流行しました。明治一九年、二三年、二八年、四〇年、大正元年、五年、一四年などに大流行がありました。

浦安町は、江戸川の最も下流に位置しており、直ちに境川からの生水を飲むことを禁止し、下今井付近（市川市広尾二丁目地先の対岸付近）から、伝馬船で江戸川の水を運んで町内に配給したほどです。ところが浦安も南行徳も患者を収容する施設がなく、町役場、学校、お寺、神社などの建物を使っていました。

大正元年（一九一二）六月、浦安町と南行徳村は協同して、伝染病舎建設委員会を設置しました。委員は、南行徳村は助役田中稔、村議新井庄右衛門、近藤哲蔵、宮崎喜市、浦安町は町長吉田清一、助役大塚勘七、町議大塚嘉一郎、金子金二、福田源兵衛、飯塚為八でした。

建設場所として、当代島と新井の境界に一〇八二平方メートルの田畑を買い上げました。病舎はすべて木造平屋建で、事務室兼医務室一棟、患者室二棟、隔離室一棟、看護婦および役夫室一棟、消毒所一棟、物品交換所一棟、屍室一棟、し尿焼却場一棟、合計九棟三五五平方メートルを建築しました。なお、大正六年（一九一七）一〇月一日未明の、大津波による濁流のため、隔離病棟など二棟が流失しました。

市川の他地域では、大正三年（一九一四）三月二日に、八幡町外四カ町村組合立の伝染病舎が、八幡と行徳町上妙典の境に設立されました。参加した町村は行徳、市川、八幡、中山、葛飾の五カ町村でした。

70　田中内匠の墓

浦安市当代島に、真言宗東海山善福寺があります。「葛飾誌略」では、「大旦那田中内匠、元和五年（一六一九）建立」としていますが、近年の寺伝によると、明暦二年（一六五六）興教大師の法孫、栄祐の創立とされています。

善福寺には、明治の頃に掘り出されたのではないか、といわれる舟形墓石があります。発見当時は田中内匠の子孫が先祖代々を供養して建てたものではないかとされ、そのように、文献などでも紹介されていました。発見された時期については、「葛飾誌略」でこの墓石について触れていないので、文化以後の発見なのでしょう。舟形墓石には、浦安市教育委員会の由来書が添えられています。この塔碑については、近年までの先人の郷土史家の研究がありますが、内匠の墓とは考えにくいようです。

内匠の没年は、宝暦六年（一七五六）建立の法篋《ほんきょう》印塔に、慶安四辛卯（一六五一）三月一五日とあります。内匠が北条の落ち武者とすると、相当な長寿となります。

しかし、田中内匠という人物は実在したと思われます。当代島の開拓者です。ただ、内匠堀と呼ばれる潅漑用水路を開削した時期については確定されていません。

また、当代島を開拓した内匠と、内匠堀を開削した人物が同一だったかどうかも不明です。「葛飾誌略」に「元和六年（一六二〇）狩野浄天、田中内匠の両人、公へ訴訟し、免許を蒙り、これを開く」とされています。このことから内匠堀は寛永年代（一六二四～四三）に開かれたと紹介されてきました。

市立市川博物館友の会歴史部会編集・発行「市川の郷土史・内匠堀の昔と今」（一九九五年九月一日発行）および遠藤正道著「葛飾風土史　川と村と人」（一九七八年三月二二日発行）の検証が参考になります。

71 妙見島

浦安橋の真下にある妙見島は、江戸川区東葛西三丁目になっていますが、かつては下総国に属し、明治期は千葉県でした。

享保六年（一七二〇）、小宮山杢之進が行徳領塩浜村々の代官となりました。杢之進は精力的に堤防の強化に努め、湊村地先の潮除堤は、三度も築き出したのでとても頑丈になりました。

内堤には芝を植え、外堤には葭を植えました。また、波除のために百足杭を突き立てました。杭の間には葉笹や粗朶《そだ》（伐採した木の枝）などを詰めました。現代の蛇籠《じゃかご》（河川の水流制御に用いる、円筒状に編んだ籠）の一種だったと思われます。それらの修復は新井、欠真間、湊新田、湊、本行徳、高谷、原木、二俣の八カ村におよびました。ただし、関ケ島、伊勢宿村は昔のままでした。

享保一一年（一七二六）三月二七日、小宮山杢之進は、行徳領塩浜増築計画を将軍吉宗に上申し、塩浜堤が幕府の定式ご普請とされました。このようにして築かれた潮除堤のことを「小宮山堤」といいます。妙典地区の区画整理がされるまで、小宮山という字名が残っていました。今、妙典五丁目に小宮山公園として名を残しています。

この小宮山杢之進支配の時、欠真間村の狩野氏が代官所の手代を勤めて功績が認められ、賜ったのが妙見島でした。その時の狩野氏の先祖は、内匠堀の開削に功績があったとされている狩野浄天だといわれています。

妙見島の狩野家は、長い間妙見島に住んでいましたが、のちに川向こうの長島村へ移住しました。なお、浄天を祖とする狩野家の菩提は、香取一丁目の源心寺にあります。

南行徳～宝地域（旧海岸沿い）

72　御手浜

七つの塩浜を築造した

御手浜《おてはま》とは、幕府が直接開発した塩浜のことをいいます。現在は、南行徳一丁目七番に御手浜公園として名を残しています。

寛政三年（一七九一）のことでした。八月六日、大津波のため塩浜が大破し、土船、竈屋《かまや》、民家などが押し流されました。原木村では三〇〇人が流死しました。そのため、老中松平定信は勘定役早川富三郎に命じて、欠真間村地先に堤を築き、塩浜を開発させました。すべてを幕府直轄で実施したため「御手浜」と称しました。

御手浜は、一之浜～七之浜までの七つの浜から成っていました。御手浜の範囲は現在の地名では、南行徳一丁目の全域、南行徳中学校、福栄小学校、富美浜小学校を含む同二丁目地域の半分ほどでした。

入浜式の塩浜ですから、干潮時間に干潟になる海面に潮除堤を築いて防潮堤としました。満潮時間に圦から海水を塩田内の水路に導水して、塩田面へ毛細管現象を利用して浸潤させたのです。したがって、当時の自然の海岸線は南行徳駅の辺りだったと思われます。

富美浜小学校は二三之浜小学校

ところが寛政八年（一七九六）、今度は江戸川が洪水となり泥水が塩浜に押し寄せました。真水と泥に覆われて塩浜は壊滅しました。

その六年後、享和二年（一八〇二）七月、またしても江戸川が大出水して真水と泥が押し寄せました。悪いことに、海岸には高波が押し寄せて、潮除堤が大破してしまいました。こうして塩浜は塩を生産できない荒浜と化してしまいました。

後年、幕府は荒浜となった御手浜を、欠真間村名主伝次郎に金千両、無利子年賦の条件で払い下げました。伝次郎は、御手浜を開墾して見事な水田として蘇らせたのでした。

御手浜公園の名称は、当初は塩浜のあった場所により「六七之浜公園」と予定されていたのですが、御手浜公園とされました。

富美浜小学校の名称は、二之浜と三之浜の場所だったので、二三之浜小学校という名称にする予定でしたが、議論の末、富美浜小学校とされたのでした。「ふみはま」とは「二三之浜」を読み替えたものなのです。また、昔は南行徳二丁目の地域からも富士山がとても美しく見えました。夕日に映える富士山はすばらしい景色だったので、そのような意味も校名にこめられています。

73 四カ村落とし

塩田経営は幕府御用

新井三丁目、南行徳三丁目と浦安市北栄二丁目との市境は、今は車の往来ができない境界になっています。ここは、かつて江戸時代を通じて水路がありました。

江戸時代中期までの新井三丁目の境界は南場という塩浜でした。江戸時代後期の南行徳三丁目の境界は、南場と西浜、辰巳角という塩浜でした。

市川市と境を接する浦安の当代島は、元禄一五年（一七〇二）の検地以後は塩浜年貢永が課せられていませんので、塩浜経営から水田その他の産業へ転換したことになります。したがって、浦安からの農業用水その他の生活排水は、潮引き江川であるこの水路へは落とせなかったのです。

新井の農民にとっても、塩田経営は最も重要な幕府の「御用」であったのですから、塩田へ海水を導くための江川に真水を流すなどということは、ご法度だったわけです。真水の悪水はすべて江戸川へ排水しました。

元禄三年（一六九〇）になると、江戸川筋の本行徳に行徳船津を移しました。これを新河岸といっていますが、この時以降、行徳船その他の船は江戸川を上り下りして江戸との往来をするようになりました。

江戸川への船の通路の役目を終えた当代島の船圦川は、水門を設置して締め切ってしまいました。そうすることにより、船圦川からの真水の流入を防いだのです。

当代島周辺の村々に耕地が次第に増えました。元禄期に内匠堀が掘られてからは、船圦川の樋門は耕地の用悪水を落とすものになりました。

浦安へ押しかけた行徳の農民

入梅時期になると雨量が増え、江戸川が増水して、浦安の猫実と堀江の間を流れる境川を真水が大量に流れるようになります。この川は浦安の漁民の生活に大切な川です。

ところが、行徳地先沿岸の海水までが塩分が薄くなり、塩を作るのに効率が悪くなって大いに支障が出るのです。

そのため梅雨時になると、江戸時代から行徳の塩垂れ百姓は大挙して浦安に押しかけました。そして、お上（徳川幕府）の権力を借りて境川を締め切ってしまうのです。その中には新井村の農民が多数いたことでしょう。

浦安の漁民が舟を出すのに非常な難儀になりますので、追い払っても追い払っても押しかけて来て締め切ってしまうのです。そのため、当時の境川の海への出口に一番近かった東堺橋（現境橋）付近の土地のことを「おっぱらみ」と呼ぶようになったのです。追い払うことを「おっぱらう」というからです。

塩田をやめて水田や蓮田に転換する時代になったのは、それほど昔ではありません。新井、当代島、欠真間（当代島と境川の間にあった地名）、猫実の四カ村は、それぞれの村の農地で使用した悪水を共同の水路で東京湾へ落とすことになりました。その水路がかつての潮引き江川だったのです。東京湾の出口に水門を設けました。それを四カ村落としといい、今の猫実川の近くに関がありました。南行徳四丁目二〇番と北栄四丁目九番の境界辺りです。

この境界付近には、塩浜を囲っていた囲堤が長い間残っていました。この地域の、江戸時代からの開発者は新井村の宮崎清右衛門家でした。その宮崎家の屋号をとって浦安の農家は「万年屋境い」と長い間呼んでいたのです。

74 万年屋の澪

大津波で放置された塩田

万年屋とは新井一丁目の宮崎家の屋号です。南行徳三、四丁目一帯は宮崎家が開発した塩浜でした。

そのため宮崎家の屋号のついた水路があったのです。

明治期の新井地先の海岸線は、現在の丸浜川がおおよそのラインになります。福栄四丁目三二番の江戸川左岸流域下水道第二終末処理場の南西側の三〇メートル道路付近が、かつての万年屋の澪筋にあたります。今わずかに、排水路として道路脇に面影をとどめています。

昭和四一年（一九六六〜）からの区画整理事業前までは、新井の漁師が南行徳地先の海面である蜻内《かきうち》や三番瀬に、ノリやハマグリ、アサリなどを採りに行くためにベカ舟で通った水路です。水路の南側は南行徳四丁目ですが、東海面、墾ノ根と名づけられた土地で塩田でした。しかし、大正六年（一九一七）一〇月一日未明の大津波で荒浜になりました。墾ノ根は、かつての海である塩浜団地の方へ突き出ていた字です。明治、大正の頃には、塩焼きの燃料にする萱を栽培していたカヤ場でした。

大津波以後は東海面も放置されて、葦萱がぼうぼうに生い茂る草原になっていました。万年屋の澪も、草原のトンネルをくぐり抜けて通じていたのです。昭和の時代になって南行徳三丁目の地域辺りまでが、ようやく水田や蓮田に開墾されていました。

公園の名は塩場の名称

万年屋の澪は海への出口に続いていましたが、内陸側へは「中みお」と呼ばれた水路になっていました。東海面公園の南側の道路付近には「新みお」という水路がありました。その二つの水路は、区画整理事業前までは江戸川からと内匠堀からの真水で田畑を潅漑したあとの悪水を、海に落とすための用悪水路として使用していました。

江戸時代末期から明治にかけては塩田がありましたので、この水路から真水を落とせませんでした。この水路は逆に「江川」であって、塩田に海水を取り込むための重要な水路だったのです。

江川のことを地元では「えが」となまります。中みおは古くは別名「中江川」といいます。東海面の内陸側は、「中江川添」という塩田で、いまは南行徳三丁目に中江川添公園として名を残しています。

75 伝次郎澪

伝次郎澪は、万年屋の澪に合流していた川幅三〇メートルもある水路でした。出口は、福栄四丁目三二番の江戸川左岸流域下水道第二終末処理場脇の道路です。そばに、南行徳四丁目バス停があります。市川市福栄スポーツ広場の入り口近くです。その脇に暗渠になった水路があり、高圧送電鉄塔が福栄三丁目方面へ続きますが、そのラインが水路になります。

かつての実際の水路は幅が広かったのです。現在地名でいえば、南行徳二丁目二三番、二二番、九番が水路にあたります。住宅などがある場所はかつての川筋でした。

福栄小学校グラウンド脇からは狭くなり住宅はありませんが、送電鉄塔を挟んで両側に道路がありま す。東西線の線路をくぐってから二又になり、左は南行徳小学校そばに行き、内匠堀に通じています。右は香取公園脇から内匠堀に通じます。そこは源心寺の裏側になります。

伝次郎澪は香取、欠真間、相之川の漁師が使っていました。下流になる途中から、新田圦河に通じる水路が何本もあったので、そちらへ向かう船もありました。伝次郎澪と万年屋の澪が合流した場所には、現在水門が二カ所設置されています。終末処理場の道路反対側の鉄塔下にあります。その場所から一〇〇メートルほどで海でしたから、現在の塩浜橋の位置はかつての干潟部分に入っていることになります。

伝次郎とは、相之川の小川家の屋号です。寛政三年（一七九一）、徳川幕府は欠真間地先の海岸干潟に堤を築き、塩浜開拓を行ないました。幕府直轄事業でしたので御手浜と称されました。後年になって、津波や洪水で塩が生産できない荒浜になったため、欠真間村の名主に払い下げました。その名主が伝次郎でした。

伝次郎は大変な苦労をして見事な水田に蘇らせたのです。その御手浜と名づけた公園もあります。南行徳一丁目、二丁目地域は、その御手浜の場所だったのです。その御手浜に沿うように東京湾へ続く伝次郎澪は、名主の伝次郎の名をつけた水路だったのです。

76　丸浜養魚場

製絲会社の不良サナギの処分場

福栄四丁目三二番の江戸川左岸流域下水道第二終末処理場はかつて塩田であり、明治三〇年（一八九七）頃からは、ウナギやドジョウを養殖する養魚場でした。

長野県の片倉製絲（現片倉工業）が、蚕《かいこ》のサナギを餌にして養鰻場（ウナギとドジョウの養殖場）を経営していました。明治時代の製絲会社は、大量の生糸を必要としましたから蚕はつきものでした。そのため、不要になったサナギの処分先として養殖場を必要としたわけです。栄養源としては最高だったのです。

ところが、大正六年（一九一七）一〇月一日未明の大津波によって、養魚場も塩浜同様に全滅してしまいました。その後は養魚場の跡地監理上、一部を釣り堀池としていました。また、一部は狩猟場になっていました。

昭和の時代になってからも、東京湾からの津波はたびたびありましたから、養魚場周辺の水路ではときどき見事なウナギが釣れることがありました。丸浜とは、その釣り堀跡地のことを呼んでいたのですが、なぜ丸浜といったのかはわかりません。

埋め立てで枯れた松

丸浜の養魚場周辺は、すばらしい松の木の森に覆われていました。また、周囲には幅の広い堀が巡らされていました。かつての塩田の名残の松は、塩浜一～四丁目の埋め立ての進行に伴って赤茶色に枯れてしまい伐採されました。養魚場の松も同様でした。

欠真間一丁目一五番の野田屋呉服店前の十字路は、大正一〇年まではT字路でした。行徳から来てここを左に曲がると、養魚場道（のちの丸浜道）になります。なお、相之川へ行くには、T字路を右に行き、突き当たりを左折しました。行徳街道から左折して九〇メートルほどで内匠堀跡の道路と交差します。右に南行徳小学校を見ながら直進すると、その道はかつての伝次郎澪沿いの道で養魚場前に通じていました。

水路沿いの道を、大八車や人力車が通れるように拡張したのは片倉製絲でした。明治後半になっても、行徳街道から海岸へ大八車の通れる道は、養魚場道と鴨場道の二本しかありませんでした。

77 新浜鴨場

昭和五一年に野鳥観察舎設置

新浜鴨場は御猟場ともいいます。明治二六年（一八九三）に新浜御猟場として設けられました。明治一〇年代から調査され、明治二二年（一八八九）一〇月から、二度にわたりご料地とその付属地が買い上げられました。湊村地先の字新浜九四七番地、一五町六反一畝九歩、湊新田地先の七七三番地、一七町一反三畝一〇歩の合計三二町七反四畝一九歩（三二万四一八八平方メートル）でした。

これらの土地は、湊村地先の干潟海面で萱場になっていました。萱は塩焼きの燃料に使いました。萱場の西は塩田で、のちにウナギの養殖場や釣り堀になりました。現在は塩浜四丁目の住宅と江戸川左岸流域第二終末処理場と公園になっています。

東側も塩田があり、湊村と押切村の塩田でした。そこは今は、入船、日之出などの町名になっています。新浜鴨場は一般の参観は許されていません。

東京湾の行徳地先海面の埋め立て事業は昭和三二年（一九五七）から開始され、昭和四四年（一九六九）からは京葉港市川地区土地造成事業として新浜鴨場地先海面の埋め立てが実施され、塩浜一～四丁目が誕生しました。そのときに四億七〇〇〇万円の予算が計上されて、昭和五一年（一九七六）一月一日に野鳥観察舎が建てられました。昭和五四年（一九七九）一二月二六日には新しい建物になりました。
宮内庁新浜鴨場を含む行徳近郊緑地特別保存地区、通称「野鳥の楽園」の周辺区域の埋め立てが完了したのは昭和五五年（一九八〇）八月二二日でした。

「おとりさま」と農漁民が共存

塩浜一～三丁目の埋立地は、鳥に害がないようにと、汚水や煙などを出す工場は造らないことにされました。また、湾岸道路は当初鴨場のすぐ前を通る計画でしたが、沖合に少しずらして造られたのでした。

かつて鴨場周辺の川や海、水田、湿地は、鉄砲での狩猟を禁じられていました。ときには、農漁民の仕事に害を及ぼすこともありましたが、空を覆うように群れ飛ぶ水鳥たちと農漁民は共存していました。そのような鳥たちのことを、地元の農漁民は「おとりさま」と呼んでいました。

皇室はじめ外国の賓客が訪れます。大正天皇や平成天皇が皇太子だった頃、海岸や江戸川堤防を馬で遠乗りをされたりしたそうです。

作家の三島由紀夫は、在籍した乗馬クラブ主催の遠乗りに参加して、江戸川堤を馬を駆けさせて行徳の町を通り、鴨場道を抜けて鴨場へ来ています。それを昭和二五年（一九五〇）に『遠乗会』として発表しています。

新浜鴨場で働いていた地元の人も多く、「とりや」という屋号の家があるなど、つながりは深かったのです。

78 新田圦河

行徳駅前公園近くにあった船溜まり

新田圦河は、現在の福栄四丁目一四番の福栄公園の場所にありました。野鳥観察舎の駐車場辺りまでが船溜まりになっていました。湊新田の漁師がほとんど単独使用していたほか、欠真間の人たちも出入りしていました。福栄四丁目地域は、元は欠真間の土地でした。そのため新田圦河のことを、欠真間三角の船溜まりともいいました。

なお、昭和の時代になって数々の開発がされる前の新田圦河は、もう少し内陸部へ入った圦河橋といわれる場所にありました。今の行徳駅前公園のプール周辺の地域です。昭和の時代になって、盛んに水田が開発されるようになり、海岸へ移ったのです。

区画整理が実施されるまで、この南行徳地域は行徳水郷といわれた農村地帯で、縦横に水路が発達し

野鳥観察舎

ていました。それらの水路は、江戸時代からの江川《えがわ》の名残がほとんどで、それは塩田へ海水を導入するための水路でした。明治、大正の時代に大きく穀倉地帯として変貌してからは、農作業のための船や、東京湾での漁業のための水運として役立っていたのです。

昭和二〇年代（一九四五〜）になってからも、車で行徳街道から海岸へ出る道路は鴨場道と丸浜道の二本だけでした。そのため農作業に行くには「しょいカゴ」を背負って農道にしていたあぜ道を歩いたり、水路を船でたどっていたのです。

ベカ舟で賑わった新田圦河

新田圦河は、漁師のベカ船でいつもいっぱいでした。最盛期の昭和二〇年代（一九四五〜）は、夏はハマグリやアサリなどの貝巻漁、冬はノリの養殖、年間を通しての魚捕りなどで浦安の境川に劣らない賑わいでした。

福栄四丁目地域は明治前期までは塩田でした。新田圦河を挟んだ対岸は萱場だったのですが、明治二六年（一八九三）に新浜鴨場となりました。その新浜鴨場の外れの東京湾への出口にあたるところに欠真間一号水門があります。そこから先は野鳥の楽園ですが、かつての南行徳地先の干潟だったところです。

べカ船は、舟みちとなる澪筋を通って沖合にある大澪に出ます。人が歩いて渡れない大きな澪で、八間澪などと呼ばれていた澪などがありました。現在のＪＲ京葉線の線路の辺りにあたります。この辺りでノリの養殖などをしていました。この辺りは蛎内《かきうち》と呼ばれた漁場で、干潟は大澪のずっと先まで続いていました。鴨場からは四キロ程先まで干潟になり、船橋寄りの三番瀬では行徳地先から八キロ先まで干潟になりました。

79 湊圦河

千鳥橋は干潟上に造った

湊圦河は、湊や押切の漁師が出入りしていた船溜まりでした。船溜まりがあった場所は、千鳥橋から行徳駅方面へ入った湊排水機場の溜め池の辺りになります。周辺には、湊村分の字東浜と、押切分の字東浜がありました。

押切分の東浜の東隣は、字南浜、儀兵衛新田、加藤新田、石垣場と続く塩浜跡地でした。それは現在の、日之出、幸二丁目、幸一丁目と続く地域です。

湊分の東浜の西は字西浜（新浜一丁目）で、金魚養殖池がありました。その南は海に突き出た海岸で、字新浜、巽《たつみ》沖通新浜があり、ここは皇室の鴨場になりました。湊圦河は、西浜と鴨場と湊分の東浜の間付近にありました。

海面干潟の埋め立てによって、千鳥町ができましたが、埋立地を結ぶ千鳥橋は、湊分の東浜から大分海へ突き出た干潟の部分に架かっています。

昭和三九年（一九六四）六月からの埋め立てがされるまでは、現在の千鳥橋までの位置にベカ船で出ると、鴨場と養鰻場（現福栄の第二終末処理場）の海岸が見えました。

南に向かって舟みちを進み、海岸から八〇〇メートルほどのところに大澪という澪がありました。ここまでは、女性や子供でも歩いて行けたので、貝採りや小エビ捕りをしました。大澪の位置は、現在の湾岸道路を越した辺りになります。

漁区を借りてノリ養殖

舟みちと大澪の交わるところは、一ノ棒という標識があり、この沖合一キロほどの海域がノリの養殖場でした。この付近は、浦安と船橋の漁場の境界であり、東側を三番瀬、西側を蛎内といいました。南行徳と行徳の漁民は、明治四二年（一九〇九）に浦安と船橋から七万坪の漁区を借り受けて、ノリの養殖を始めたのです。

圦河は年々浅くなり、葦なども密生するようになります。舟みちの掘削や圦河の整備は船をもった漁師が年に一、二回の共同作業でしていました。

明治二〇年（一八八七）の船数は、押切村が六艘、湊村が三二艘でした。なお、湊新田一七艘、欠真間村二艘、新井村〇でした。

明治三六年（一九〇三）、南行徳漁業組合の設立時には、組合員二〇〇名余を擁するまでになっていました。湊圦河は出入りのベカ船で大いに賑わったのでした。

80　儀兵衛新田

寛保三年（一七四三）、江戸神田の町人儀兵衛によって、本行徳の沖場に新浜が拓かれました。この場所は、現在地名では、宝二丁目、幸二丁目になっていて、末広二丁目、塩焼三丁目の一部になっています。旧加藤新田とは、中江川を挟んで向かい合っています。中江川には、今途中に儀兵衛橋がかかっています。

儀兵衛が開発してから三五年後の安永七年（一七七八）に、儀兵衛新田は新塩浜にお取り立てになりました。お取り立てになると、堤防の築造、修復などに幕府の援助がありました。ただしお取り立てになった塩浜が、安永四年（一七七五）に拓かれた新浜だったか否かは明らかではありません。

さらにその五五年後、天保四年（一八三三）、それまでに新規に拓いてきた塩田が新開塩浜としてお取り立てになりました。

塩浜反別は、文化一二年（一八一五）に九反八畝九歩（約二九四九坪）、明治一五年（一八八二）には、三町一反六畝一二歩（約九四九二坪）になっていました。

儀兵衛の名は、世襲でした。儀兵衛新田の潮除堤は、別名「千本松」と呼ばれた見事な松並木でした。なお、宝一丁目と宝二丁目の行政境いに儀兵衛橋と名付けられた橋が架けられていて、往時の名を留めています。

81　加藤新田

文化七年（一八一〇）に著された「葛飾誌略」に、「三千町。加藤新田という。塩浜反別二丁三反七畝三歩。一村持なり。高三石九斗五升九合。近藤兵右衛門殿御改なり。明和五年（一七六八）戊子」とあります。この時の塩浜反別を換算すれば、約七一〇〇坪になります。広大な干潟が広がっていたことを含めて、三千町と通称したのでしょう。現在の地名では、幸一丁目、宝一丁目と塩焼五丁目の一部、加藤新田の一部になります。

享保元年（一七一六）頃、江戸日本橋横山町の作兵衛が新浜を拓きました。作兵衛家は屋号を升屋といいました。

五九年後の安永四年（一七七五）、作兵衛の拓いた塩浜は、幕府により新塩浜にお取り立てになりました。お取り立てになると堤防の築造、修繕などに幕府の援助がありました。作兵衛は町人でありながら苗字を許されていて、加藤氏を名乗っていました。そのため加藤新田といわれました。

さらに五八年後の天保四年（一八三三）、新規に拓いてきた塩浜が再び新塩浜にお取り立てになりました。一〇〇年の間に二度お取り立てになったのですが、享保元年の頃の塩浜は田畑に変わっていました。

明治二年（一八六九）頃には、田畑合計五町五反五畝一八歩（約一万六六六八坪）ありました。年貢

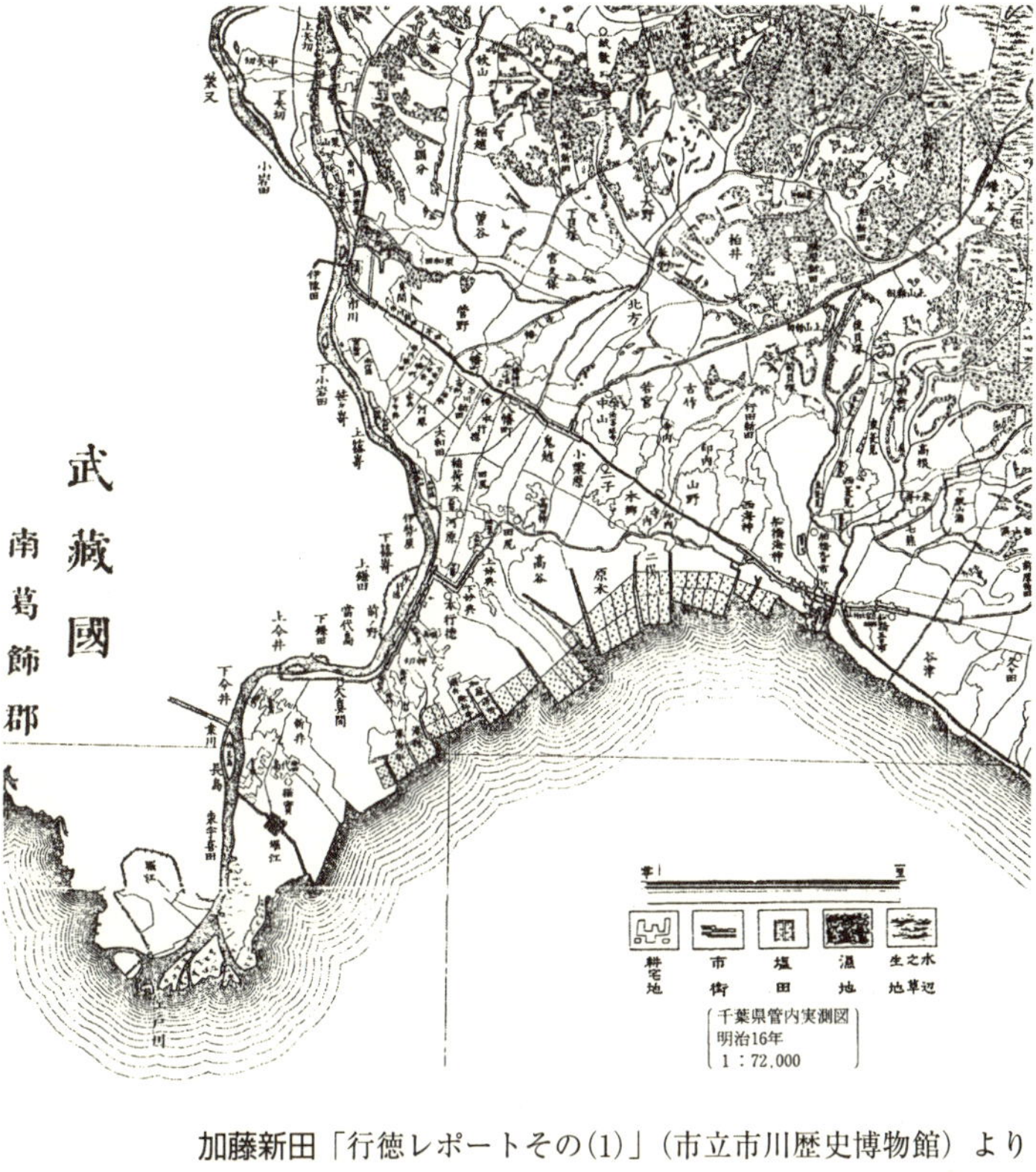

加藤新田「行徳レポートその(1)」(市立市川歴史博物館）より

米の津出しは、本行徳河岸より船積みしていました。塩浜反別は二町三反二畝余りで、半分が下々浜でした。ほかに、反別一町四反九畝一五歩の水池を三カ所持っていました。

塩竈家は二カ所ありました。塩浜囲堤は、南北に長さ一五〇間（約二七三メートル）、海面長さ一七〇間（約三〇九メートル）、西北に長さ一五〇間（約二七三メートル）もありました。

明治一五年（一八八二）の塩浜反別は、三町五反九畝七歩でした。

加藤新田は、本行徳村住人になった加藤氏の一人請け新田であり、塩浜には民家はありませんでした。

なお、加藤新田の潮除堤は儀兵衛新田と並んで別名「千本松」と呼ばれた見事な松並木でした。

82 中江川跡

桜並木になった江川

今、中江川と呼ばれる水路が幸、宝地域にあります。市川水路への出口には中江川水門があり、排水機場があります。そこは、行徳南部公園の南になります。行徳南部公園の脇を北西方向に、両側が一方通行の道路があります。道路の間は緑地になっています。

八幡橋の信号から儀兵衛橋、塩焼橋、中江川橋までは水路が見えていて、両側が見事な桜並木になっています。中江川橋の信号は、新浜通りとの交差点です。そこを直進してバイパスを渡り、一〇〇メートルほどで右折します。マンションの側に三町畑公園があります。おおよそこのラインが、東京湾からの澪筋になっていました。

もう一本の代表的な澪筋は、湊圦河からのもので、やはり三町畑公園に続いていました。三本目の澪筋は、福栄公園から行徳駅前公園を通り、おかね塚横から伊勢宿自治会館前に出て、本行徳（四丁目）に達するものでした。この澪筋は、元禄三年に行徳船津が新河岸に移されるまで、行徳船が通行していました。

三町畑公園の周辺は、かつて昭和の初めまで、船が出入りしていた大きな船溜まりでした。行徳の漁師が利用していました。

千本松の名がついた潮除堤

大正時代には、ノリ採り用のベカ舟が中江川の入口に舫ってありました。海で採った生ノリを担いで、田圃道を「ぎっしぎっし」と音を立てながら歩いて帰りました。その頃は、中江川からは船では三町畑公園までは行けなかったようです。

漁師が生ノリを担いで歩いた田圃道の両側は、かつての塩田で当時は水田でした。海に向かって左側が加藤新田であり、右側が儀兵衛新田でした。今では、左側が幸一丁目と宝一丁目で、右側が幸二丁目と宝二丁目になっています。

中江川の海への出口の堤防と田圃道の土手には、その昔に植えた波除けのための松（汐垂れ松）が生えていました。その松並木は見事なものでした。そのため、この辺りのことを、俗に千本松あるいは新田場と呼んでいました。

郷土史資料

83「葛飾記」

著者は「青山氏書之」とだけ記され、名前が不明です。ただ、行徳の青山氏の一族の人といわれていて、青山文豹という説があります。

刊行は寛延二年（一七四九）です。徳川家康の江戸入りから一五〇年後、行徳船が許可されてから一一八年後、行徳河岸が新河岸に移った元禄三年から五九年後に刊行されました。

平成の現代に、明治維新～昭和の時代頃を書くようなものですから、書かれた内容は信憑性が高いと思われます。

葛飾郡中の名所旧跡、神社仏閣の縁起などを分かりやすく解説した観光ガイドブックです。この書物を手にして巡り歩いた江戸の人々、巡り歩いたつもりになった多くの人々がいたことでしょう。

上巻と下巻に分かれます。上巻は一三の項目があり、「葛飾の郡」では行徳の土地のことが手に取るように描かれています。「利根川」とは江戸川のことですが、川の風物、産物が記されています。「葛飾浦」は行徳地先の海岸のことです。景物、名物に歌を添えています。下巻は三三の目次があります。これより行徳領の内という注釈がつき、本行徳下の海岸塩浜のこと、神明宮、新河岸、弁財天、香取神社その他を紹介しています。最後に、行徳領三三カ所札所を掲げ、寺名と道歌を書いています。

行徳の郷土史に興味をもたれる人の必見の文書の一つです。

本稿の作成には中央公論社発行の「燕石十種（第五巻）」（岩本活東子編）に収録されたものを使用しました。他には房総叢書刊行会発行の「改訂房総叢書（第四巻）」に収録されています。

84「葛飾誌略」

著者は不明です。昭和一六年（一六四一）に刊行された「房総叢書（第六巻）」に収録された「葛飾誌略」の解説によると、「本書の著者は行徳在住の名主か何かであったらしいことは想像されるが、氏名すらわからない」としています。「馬光」という俳号を持つ人物とされますが、確かではありません。

著者の凡例によれば、

「引用の書およそ一一七部、おこがましいのでその目を挙げず。この草紙は寛政（一七八九～一八〇〇）の頃ふと思い立ち、見聞のところを三つ二つと反古に書き留めたが、世の経営に打ち捨てたり。また、文化（一八〇四～一八一七）の初め思い立ったが、また、打ち捨てたり。よって、社宮村より末の方は、寺院なども文化四年までのままである」

とあります。つまり、行徳と船橋を見聞したことを漫然と書き留めたもの、ということになります。

「房総叢書」には、文化七年（一八一〇）の写本の注解が収録されています。文化七年は、明治維新の五八年前のことです。

「葛飾誌略」は、「葛飾記」の刊行から六一年後、江戸時代後期の出版になります。それは、徳川家康の江戸入りから二二〇年後、行徳船の就航から一七八年後、行徳河岸が新河岸に移った元禄三年から一二〇年後のことでした。なお、二年後の文化九年には新河岸に常夜灯が建立されています。

内容としては、多くの古文、詩歌が載っています。塩については巻頭から触れています。江戸川の名物、産物、堤防の長さに触れてから内匠堀を書いています。内匠堀の開削時期を元和六年とした唯一の文献です。ただ、元和六年に公へ訴訟し、免許を受けてこれを開く、としていて元和六年に開削したとはしていません。

「行徳領」はおよそ四〇余カ村で高およそ一万石等々、ただし、本行徳は母郷なれば、行徳より書き出すはずだが、村々の順路が読み継ぎづらいようなので、下から書き出して国府台辺りで終わる、としています。そして、浦安の堀江村から、猫実、当代島、新井、欠真間、湊新田、湊、押切、伊勢宿、関ケ島、本行徳、行徳新田、川原、大和田、稲荷木、下妙典、上妙典、田尻、高谷、原木、二俣、西海神、船橋海神の村々まで書いています。

次に船橋、山野、二子、小栗原、古作、中山、北方、丸山新田、中澤、高石神、鬼越、八幡、平田、菅野、宮久保、貝塚、高塚、曾谷、須和田、大町、大野、市川、市川新田、真間、国府台、上小岩、下小岩、篠ケ崎、上篠崎、下篠崎、伊勢屋、上今井、下今井の村々で終わっています。

葛飾の浦を海岸沿いに北上して船橋に達し、佐倉街道（千葉街道）伝いに江戸川へ出て、反対側を下っています。この辺りが葛飾といわれた範囲だったのでしょう。行徳領は船橋の一部と市川市の市域のかなりの部分を含む広大な地域でした。

「葛飾誌略」は、「葛飾記」とともに行徳の郷土史資料として欠かせないものです。

85「勝鹿図志手繰舟」

編者は行徳金堤。表題は、北総葛飾郡「勝鹿図志手繰舟」行徳金堤編となっています。文化一〇年（一八一三）の刊行で、金堤は新井村の名主、鈴木清兵衛です。

文化一〇年は、明治維新の五五年前、徳川家康の江戸入りから二二三年後、行徳船の就航から一八一年後、行徳河岸が新河岸に移った元禄三年から一二三年後になります。「葛飾記」の刊行からは六四年後、「葛飾誌略」の刊行からは三年後の刊行になります。なお、前年の文化九年には新河岸に常夜灯が建立されています。

郷土史研究に使いやすいものとしては、高橋俊夫編『影印・翻刻・注解　勝鹿図志手繰舟』があります。原本の趣が感じられます。

もう一点は、郷土史家、宮崎長蔵著『勝鹿図志手ぐり舟　行徳金堤の葛飾散策と交遊録』が刊行されていて読みごたえがあります。

本書の前半部分は名所旧跡案内で、金堤がいろいろと説明しています。挿絵が入っていて、谷文晁、葛飾北斎など名の知れた画家が描いています。後半部分は俳句集になっていて、発句の作者は、小林一茶、夏目成美など著名人ほか二〇〇名余もの名があります。

本書は「葛飾記」「葛飾誌略」とともに葛飾三地誌といわれているものの一つです。

86「行徳志」

著者は不明です。刊行は文化一二年（一八一五）春、と記されています。写本です。「葛飾記」や「葛飾誌略」のような翻刻版ではありません。

「磯貝某自ら誌」などの記載がありますが確認ができません。ただ、項目をたどっていくと、「葛飾誌略」とまったくといっていいほど同じ内容に思えます。

一般の郷土史研究の参考にできるような翻刻版は見たことがありません。「行徳志」が「葛飾誌略」を元にしたのか逆なのか、それとも共通の基礎資料があったのかわかりません。

この「行徳志」の写本は大切に保存されていて、持ち出しやコピーは許可されません。マイクロフィルムでの撮影のみ許可されます。保存場所は、中央区立京橋図書館（東京都中央区築地一―一―一有楽町線新富町下車、中央区役所前。電話〇三―三五四三―九〇二五、〇三―三五四三―〇二一一）です。

87「江戸名所図会」

編者は江戸神田の名主斎藤氏です。斎藤長秋、斎藤県麻呂、斎藤月岑の三代にわたる労作です。原本は、全七巻で二〇冊に分けられています。天保五年（一八三四）に前半の一〇冊、天保七年（一八三六）に後半の一〇冊が発行されました。明治になる三〇年ほど前の文献です。

市川市域は、最後の二〇冊目に記載されています。松戸、行徳、国府台、八幡、船橋が載っています。その部分は「市川市史第六巻　史料近世（下）」に収録されています。現代でいえば、豪華な写真が載っている観光ガイドブックのようなものです。

図会のうち「市川市史」には、行徳に関するものとしては、行徳船場、行徳徳願寺、行徳塩浜、行徳塩竃之図、行徳衢《ちどり》の五つが載っています。

目録には、行徳船場、弁財天祠、善照寺、行徳八幡宮、神明宮、金剛院廃祉、徳願寺、塩浜についてあり、図会とともに案内文がつけられています。

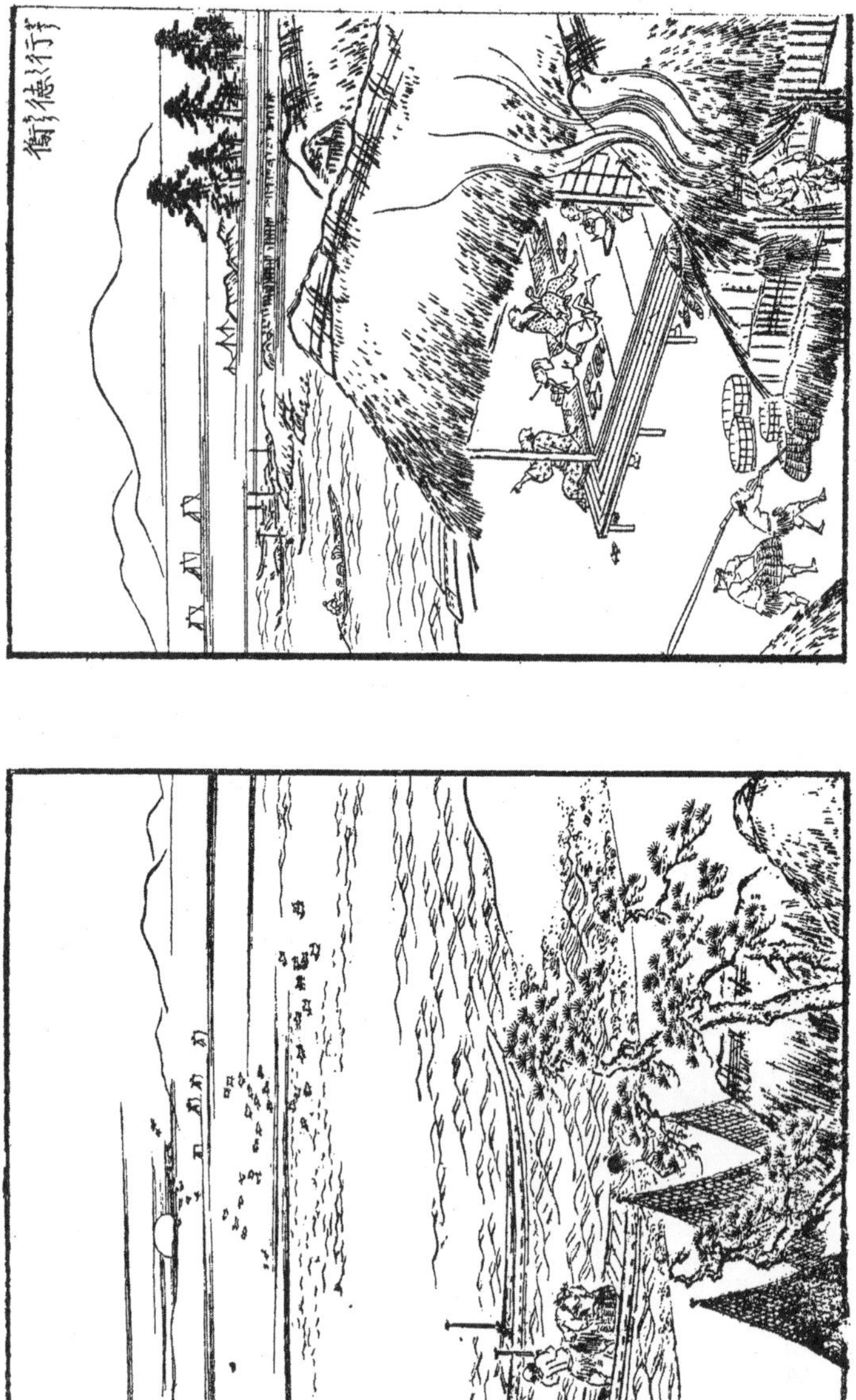

行徳街「市川市史」より

なお、斎藤月岑は「武江年表」の著者でもあります。

88「塩浜由緒書」

「市川市史第六巻　史料近世（上）」に「塩浜由緒書写」（冊）として岩田家文書が載っています。岩田家は行徳の下妙典の名主を務めていました。

また、関ケ島村の田中家には「行徳領一四カ村塩浜起り一件覚書写」という文書が伝来していました。それは楫西光速著「下総行徳塩業史」に引用されています。「塩浜由緒書」と同内容の資料とされます。「田中家文書」は、市川市立歴史博物館に今は所蔵されています。当時の田中家は、下総国葛飾郡行徳領関ケ島村田中六兵衛と名乗っていたようです。

関ケ島村では、名主が交替した時の引き継ぎ文書として扱われた重要書類でした。下妙典の岩田家についても同様だったのでしょう。

「塩浜由緒書」は、明和六年（一七六九）八月に作成されています。冒頭に由緒書を作成した理由を次のように述べています。現代文に意訳しました。

「明和六年の冬、行徳領塩浜の年貢減免を申し出たところ、勘定所では難色を示し、認められなかった。それでは百姓共の生活が成り立たないので、以前から聞き及んでいたことを書面として書き残した。ご勘定奉行吟味役評議のうえ、有徳院様（徳川吉宗）の厚い信頼があった小宮山杢之進覚書確かなことで尤もの儀に付、伺いのとおり、年貢減免申し付けるべく申し渡しがあり、伺いの通りに済んだ」

以上が前書きであり、この由緒書が年貢減免願書だったことがわかります。したがって、「覚」以下は行徳塩浜の歴史を詳細に述べています。

家康（権現）、秀忠（台徳院）、家光（大猷院）の三代の将軍からの下賜金（拝借金としている）のこと、近年の塩浜稼ぎの様子、吉宗（有徳院）の権現様同様の対応を詳しく書いています。

将軍は、吉宗（在職一七一六～一七四五）、家重（同一七四五～一七六〇）、家治（同一七六〇～一七八六）と続いて、由緒書は家治の時代に提出されたものでした。吉宗が退いてから二五年でまだ吉宗の時代のことは無視できなかったのでしょう。家治の治世は側用人、田沼意次が実権を握っていました。

なお、小宮山杢之進は享保六年（一七二一）に行徳塩浜支配の代官になりました。そして、享保一九年（一七三四）に代官を解任され、宝暦九年（一七五九）に隠居、安永二年（一七七三）に死んでいます。由緒書の「覚」は杢之進が作成したものです。

杢之進は、吉宗の信任が厚く、行徳塩田開発に功労があったことを示して、行徳塩浜への幕府援助の継続と、由緒書の正当性を訴えたものと思われます。

次に、「市川市史第六巻　史料近世（上）」に掲載されている「塩浜由緒書写」の全文を掲載します。

塩浜由緒書写（明和六年八月）

明和六年丑冬行徳領塩浜御年貢引方之儀布施弥市郎被申立候処、引方難相立由御勘定所ニ而申渡有之候処左候而者百姓共難立ニ付前々之儀聞合有之書面之通書付遣候、御勘定奉行吟味役中評儀之上　有徳院様厚キ思召杢進覚書慥成事尤之儀ニ付伺之通引方可申付申渡有之、伺之通相済

覚

行徳塩浜之儀元来上総国五井与申所ニ而往古より塩ヲ焼覚江家業之様ニ致候ヲ、行徳領之もの近国之事故折節罷越見覚候而当村（時）拾四ケ村之内本行徳村・欠真間村・湊村三ケ村之もの習候而、行徳領村附遠干潟砂場之内ヲ見立塩を少々宛焼習ひ、其節者渡世ニ仕程之儀ニ者無之自分遣い用迄之塩を焼候処ニ、近所百姓共段々見習ひ焼方を覚江他所へも出し候得共其節者塩年貢与申者も無之候、権現様関八州御領地ニ罷成東金江御鷹野ニ被為成候節、行徳領御通行之砌塩焼候を御覧被遊甚御悦喜被遊塩之儀者御軍用第一之事御領地一番之宝与被思召候、随分百姓共出精仕候様塩焼百姓共野先江被召出上意有之金子等被下置相続、台徳院様ニ茂右之通上意有之、其節者段々百姓共塩稼ヲ覚出精仕候ニ付金子三千両之拝借被仰付塩ヲ以年々返納仕候

大猷院様御代ニ者上方より段々塩ヲも船廻ニ而差下し候得者行徳塩之儀者江戸御城中ニ有之茂同前之儀御軍用御要害御手当ニ罷成候間、出精仕候様可仕旨差図（別本、是又）東金江御成之節行徳領近所船橋村ニ御殿茂有之　当時御殿之跡も有之候　塩浜百姓共御庭江被召出塩浜稼出精仕候様ニ上意有之、金子弐千両拝借与申被下置、右之通上より段々手当被仰付夫食等も被下置候故百

姓共勝手ニも罷成段々塩浜繁昌百姓家居等も相応ニ仕罷在候故塩浜年貢御代官より申付候、然共
塩之儀六月・七月暑気強御座候節第一相稼、八月・九月・十月頃者稲作之取収百姓手隙もなく、
十一月・十二月・正月・二月・三月者塩垂候事滴少く漸々仕当一はい位ニ罷成四月・五月者例年
雨天打続塩垂百姓男女共ニ手を空く仕罷在候、塩之儀一日雨降候へ者休三四日照続不申候而者塩
稼不罷成候、其訳者潮水ヲかけ塩水をたらし其水を塩竈ニ入焼立申候塩竈之拵方一竈拵候ニ手間
掛り申候塩焼立候ニ松葉ハ下直ニ当り候へ共塩之出来方あしく色も黒く罷成各別下品ニ而塩之利
目薄く御座候、萱木ニ而焼立候得者格別塩之出来方宜敷御座候、然共萱木ハ直高ニ御座候、右之
通行徳領塩之儀者江戸御城下武家町家を始関八州上下之要用ニ罷成御軍用第一之御重宝ニ而兵粮
同事与申儀ニ而随分百姓共勝手罷成塩焼百姓壱人ニ而も多く罷成候様ニ
　権現様　台徳院様　大猷院様御代々より取斗年々塩浜稼之様子ニ応し雨天打続又風波等ニ而減
し候得者塩浜年貢引方相立来申候、田畑之取斗方と違申候、勿論年ニ寄塩浜稼方天気能夏中夥敷
塩出来直段下直ニ罷成塩焼百姓勝手ニ不罷成年者右之塩
　公儀江御買上ニ被仰付候而直ニ郷蔵江詰置直段見合御払ニ申付御買上之金子則返納仕候、私支
配之節享保年中御買上之趣も被仰付候、右之訳ニ而享保六丑年大水ニ而塩浜荒地大分出来仕候
　有徳院様達　上聞塩浜古来之訳有馬兵庫頭殿ヲ以御尋有之ニ付、古来之訳前々御代々上之思召
申伝候趣私支配所之儀故申上候処、塩浜絵図面ヲ以有馬兵庫頭・加納遠江守両人立会御白書院渡
於御廊下ニ御尋有之ニ付御普請被仰付可然段申上候処御聞達

有徳院様上意ニ茂御軍用第一之儀其上廻船ニ而上方より塩相廻り候得共万一海上風波相続廻船相滞節行徳之塩ニ而諸人上下之助ニ罷成候間早々御普請申付候様ニ被仰渡、同寅之春右塩浜堤入堀等之御普請金千両余之御入用ニ而御普請被仰付塩焼百姓共勝手ニ茂罷成尤荒地も大分立返り御益筋も有之候、通例田地御取ケ之取斗と違御損徳之訳ニ拘り不申何連之道ニも塩稼取続塩之出来方罷成百姓相続仕候様ニ（可）取斗候得与

有徳院様上意有之、年々吟味委細ニ仕引方ニ行届候様ニ仕候、何程塩多焼出し候とも田作之米方与違塩浜年貢一反之取永相増候儀者不罷成候、不稼之年者其年之天気合不宜時節を考実々焼出し候塩少く尤直段合迄遂吟味ヲ定、永年貢之内ヲ申立引方申付候、如此引方申付候事其年者御損失之様ニ御座候得共年柄悪敷不稼ニ而引方も被下候与申而百姓共荒浜起返りを第一ニ仕自然与荒地起返り御徳用ニ罷成候、年柄悪鋪候而茂引方不申付候得者宜敷場所之塩浜をも荒地ニ打捨置自然与荒浜引方相願申候間年々荒浜多く罷成荒浜引出来反而御損失ニ罷成候

右之通行徳領塩浜古来之訳　有徳院様御尋有之様子承糺申上候処、江戸表武家町家平日之助ニ罷成御軍用第一之儀塩浜之分者無年貢地ニも可被仰付程之思召ニ候得共、左候而者百姓共奢之心生し後々塩稼未熟ニ可罷成候間油断不仕亦取続茂能キ様心ヲ付取斗候様ニ可申付与有馬兵庫頭・加納遠江守両人立会於新部屋ニ享保八年卯八月廿一日　上意之趣被申渡候

右者行徳領塩浜之儀御聞合ニ付書留置候を写進申候、以上

明和六丑年八月

89　塩浜由来書

小宮山杢進
（岩田家文書）

「市川市史第六巻　史料近世（上）」に塩浜由来書（宝暦六年以降成立）、「行徳領塩浜由来書　下総国葛飾郡欠真間村小川六左衛門所持」として「行徳領塩浜古来発起書留」が載せられています。

差出人は行徳領本行徳村名主平蔵で、宝暦六年（一七五六）一〇月付けで、辻源五郎様御役所宛てになっています。宝暦六年は、「塩浜由緒書」が提出された明和六年（一七六九）八月の一三年前のことです。

冒頭で、「行徳領村々の塩浜は先年何カ年以前、誰様御支配のとき塩浜になった訳、並びに、誰様御支配のとき反取永相極め候儀、また、誰様御支配のときより四分の一塩、四分の三永納になった訳を、委細御尋ねに付き左のとおり申し上げます」と述べています。

第一項では、塩浜開発は権現様お声掛かりであること、吉田佐太郎の「新塩浜開発御書付」があり、「写」を載せていること、

第二項は反取永のこと、

第三項は四分の一塩、四分の三金納は五五年以前の元禄一五年であること、それまでは古来より大概五分の一位に見える塩納だったこと、

第四項で塩浜付村々は古来は二六カ村だったがだんだん減少し、当時は一六カ村になったこと、として村名を掲げています。

その他の証拠書類として次の文書の写しの書抜などが添付されています。

一、宝永四年（一七〇七）村方高反別銘細書上帳写書抜

一、寛永六年（一六二九）伊奈半十郎様御検地村々塩浜御役永

ここで永六〇四貫八六七文が出てきます。反別（塩浜面積）は不分明としています。古検も新検も相違なく、古検は五分の一納めは永一貫文につき塩四俵ずつ上納、新検は四分の一納めで永一貫文につき塩五俵ずつ納めたことを記しています。以下、元禄検地の一六カ村の塩浜反別と年貢永を掲げています。

また、塩浜の災害と堤防の普請、援助、年貢免除について二五項目にわたって年代順に述べています。

一、塩浜御年貢永増覚、塩浜御年貢永覚

三項目にわたって前項のように述べています。

一、塩浜囲堤に生立候埜萱御立野に成候事

一、野萱代永上納直段覚

次に、「市川市史第六巻　史料近世（上）」に掲載されている「行徳領塩浜由来書」の本文を記載しま

す。

「塩浜由来書」（宝暦六年以降成立）

「行徳領塩浜由来書　下総国葛飾郡欠真間村　小川六左衛門所持」（冊）

行徳領塩浜古来発起書留

行徳領村々塩浜之儀先年何ケ年以前誰様御支配之節塩浜相成候訳并反取永相極候義是又誰様御支配之節相極夫より四分一塩四分三永納ニ相成候哉之訳委細御尋ニ付左ニ奉申上候

一、当領塩浜初発端之儀者何百年以前ニ御座候哉往古之義ニ而相知不申候、反永之儀も古来より相極候由申伝候、尤年貢塩相州小田原江船廻ニ而相納候由是又申伝候、権現様関八州御領地ニ罷成候以後者百六拾年以前慶長元申年伊奈備前守様御支配之節吉田佐太郎様御掛ニ而新塩浜開発被遊御取箇之義者五ケ年御免ニ而上納可仕旨御書付被下置候

新塩浜開発御書付写

塩浜新開之義五ケ年之間諸役有間敷候、其以後者十分一之積ヲ以御成ケ可致納所候、為後日手形如此仍如件

慶長元年申正月晦日　吉田佐太郎書判

妙典村

治郎右衛門

図書

一、反取永之義古来より相極候由百廿八年以前寛永六巳年伊奈半十郎村御支配御検地之節猶又御取極被遊候、其後元禄十五年御検地之節も反永之義者矢張寛永年中御極之通ニ御座候

一、四分一塩四分三金納之義者五拾五ケ年以前元禄十五午年平岡三郎右衛門様御支配御検地之節御定法ニ罷成候　古来者塩納之義何分一ト申御極も無御座候哉、村々不同ニ御座候、大概五分一位ニ相見申候　塩浜御役永之義高外浮役ニ御座候故歟古来より御割付面ニも相見不申御皆済目録ニ斗相見申候、七拾六ケ年以前天和元酉年近山六左衛門様・萬年長十郎様御支配之節初而御割付面ニ相見申候

一、当領塩浜附村々之義古来者廿六ケ村ニ御座候処段々減少仕当時拾六ケ村ニ罷成申候、堀江・猫実・当代嶋・新井・欠真間・前野・湊・押切・伊セ宿・関ケ嶋・本行徳・下新宿・河原・大和田・稲荷木・両妙典村・田尻・高谷・原木・二俣・二子・本郷・印内・寺内・山野・西海神・右村々之内堀江・猫実・二子・本郷・印内・寺内・山野・西海神右八ケ村者荒浜ニ罷成候故寛永六巳年伊奈半十郎様御支配之節より塩浜永御除ニ相成候、当代嶋・大和田・稲荷木・前野右四ケ村者元禄十五午年平岡三郎右衛門様御支配御検地之節塩浜永御除被下置候、但前野村者葛西領ニ罷成不勝手故当時湊新田分ニ罷成候

右者御尋ニ付書上ケ申候通相違無御座候、以上

宝暦六年子十月　　行徳領本行徳村名主　平蔵

辻源五郎様　御役所

次に掲げる資料は本文に添付された証拠書類にあたります。

◆宝永四亥年村方高反別銘細書上帳写書抜

◆寛永六巳年伊奈半十郎様御検地村々塩浜御役永（「塩浜年貢永」の項に表にして収録、記載省略）

◆元禄十五午年平岡三郎右衛門様・池田新兵衛様・比企長左衛門様御検地（一部記載省略。「塩浜年貢永」「塩浜反別」「郷土史年表」の項に収録）

◆塩浜御年貢永増覚（記載省略。「塩浜年貢永」の項目に表にして収録）

◆塩浜御年貢永覚（記載省略。「塩浜年貢永」の項目に表にして収録）

◆塩浜囲堤ニ生立候埜萱御立野ニ成候事

◆野萱代永上納直段覚

宝永四亥年村方高反別銘細書上帳写書抜

一、永七拾七貫八百三拾文　塩浜役　欠真間村

五拾八貫三百八拾文　金納

拾九貫四百五拾文　　塩納
此塩三百八拾五俵　但五斗入
此反別
上々浜壱町八畝拾四歩
上浜弐町七反壱畝廿八歩
中浜八町五反七畝弐歩
下浜拾壱町五反六畝拾四歩
下々浜四町六反七畝拾四歩
反別合廿八町六反壱畝拾四歩
是者先規より定納ニ被　仰付納来申候、塩納之義古検節ハ永壱〆文ニ付塩四俵相納代永弐百文ツヽ御引被下候処八ケ年以前辰年池田新兵衛様・平岡三郎右衛門様・比企長左衛門様御検地ニ而六年以前午年より永壱〆文ニ付塩五俵相納代永弐百五拾文ツヽ御引被下候、但塩百姓より取立候義七升五合入桶枡ニ而壱俵八桶入ニ仕御蔵屋敷江積置御役之節七桶余御座候得者御請取名主組頭ニ証文被仰付御願置被遊候、御水帳之義者比企長左衛門様ニ而焼失仕候由にて田畑同前ニ未御渡不被遊候
寛永六巳年伊奈半十郎様御検地村々塩浜御役永

一、永百七拾弐貫九百弐拾壱文　本行徳村
一、永拾四貫百拾五文　関ヶ島村
一、永拾五貫五百七拾文　伊勢宿村
一、永弐拾九貫四百文　押切村
一、永三拾八貫三百拾七文　湊村
一、永弐貫弐百七拾壱文　前野村
一、永五拾弐貫八百九拾四文　欠真間村
一、永拾七貫六百三拾壱文　新井村
一、永百弐拾五貫三百九拾弐文　両妙典村
一、永三貫八百五拾文　当代嶋村
一、永五拾三貫五百八拾五文　高谷村
一、永三拾四貫九百八拾九文　田尻村
一、永五貫七百六拾四文　大和田村
一、永弐拾貫六百七拾七文　河原村
一、永拾六貫百九拾文　稲荷木村
一、永壱貫三百壱文　下新宿村

永合六百四貫八百六拾七文

右者寛永六巳年御検地御水帳ニ而者反別不分明候、右御検地以後村々新浜出来致候ニ付伊奈半十郎様御内宇田川喜兵衛殿横折帳を以証拠与いたし御役永上納致候由依之今以御割付ニ反別無之永高斗御書付有之候、反永者古検も新検も相違無之候得共、御年貢塩之義者古検之内者取永五分一納にて永壱貫文ニ付塩四俵ツヽ上納いたし候元禄新検より四分一納ニ而永壱貫文ニ付塩五俵ツヽ相納申候

一、寛永御検地之節者原木・二俣両村私領所故此表ニ無之

原木村者苦塩請負以前より御料所ニ相成候、二俣村者苦塩水請負以後元禄十四巳年より御料所ニ相成候

元禄十五午年平岡三郎右衛門様・池田新兵衛様・比企長左衛門様御検地

一、塩浜反別合四町六畝拾弐ト　二俣村

永合八貫四百七拾四文四ト

一、塩浜反別合六町九反八畝廿九ト　原木村

永合拾四貫六百八拾文八ト

一、塩浜反別合拾三町三反弐畝拾ト　高谷村
永合弐拾八貫百三拾三文八ト
一、塩浜反別合九町弐反八畝拾七ト　田尻村
永合弐拾四貫八百拾七文
一、塩浜反別合拾九町五反四畝廿一ト　上妙典村
永合五拾貫弐百四拾文七ト
一、塩浜反別合弐拾町八反九畝拾五ト　下妙典村
永合百弐貫六百六拾壱文弐ト
一、塩浜反別合三町壱反三畝拾壱ト　関ケ島村
永合九貫四百六拾六文七ト
一、塩浜反別合四町壱反弐畝拾七ト　伊勢宿村
永合拾三貫弐百七拾弐文
一、塩浜反別合拾三町三反九畝廿五ト　押切村
永合三拾八貫六百七拾六文
一、塩浜反別合拾弐町三畝弐ト　湊村
永合三拾弐貫七百拾四文
一、塩浜反別合六町五反壱畝廿三ト　同新田

永合拾六貫七百六拾六文
一、塩浜反別合弐拾八町六反壱畝拾弐ト　欠真間村
永合七拾七貫八百三拾文
一、塩浜反別合九町三反拾七ト　新井村
永合弐拾四貫八百七拾弐文
一、塩浜反別合壱反　下新宿村
永合三百文
一、塩浜反別合弐町八反九畝拾四ト　河原村
永合七貫九百四拾弐文九ト
一、塩浜反別合三拾七町五反五畝八ト　本行徳村
永合百壱貫六百五拾文壱ト
拾六ケ村
塩浜反別合百九拾壱町七反七畝廿四ト
永合五百七貫四百五拾三文壱ト
内永百弐拾六貫八百六拾三文　四分一塩納　此塩弐千五百三拾七俵　但五斗入
一、元禄新検二又・原木・高谷三ケ村之義上々浜無之上浜反永三百文ニ而中・下・下々迄五拾文
下り

一、田尻村之義上々浜無之上浜反永三百五拾文にて段々五拾文下り
一、上妙典村より新井村迄者上々浜反永四百文より段々五拾文下り
一、慶長年中塩浜御検地迄者下郷・堀江・猫実・台方・二子・本郷・印内・寺内・山野・西海神右村ニ而も塩浜所持いたし候処寛永御検地より荒浜ニ相成、堀江村之義者荒浜跡御立野ニ成、猫実并台方荒浜者百姓持葭野ニ相成候
一、慶長之頃者右廿四ケ村塩浜永高之節者塩浜数凡六百釣有之候処、寛永御検地之節者四百八拾釣相成ル、元禄御検地之節者四百拾九釣相成、段々塩焼困窮いたし享保十九寅年ニ者本行徳より二又村迄九ケ村ニ而百弐拾五釣、関ケ嶋より新井村迄七ケ村ニ而五拾五釣都合百八拾釣減少いたし候
(以下省略。郷土史年表に収録)

塩浜囲堤ニ生立候埜萱御立野ニ成候事

享保七寅年小宮山杢進様御支配之節、行徳領塩浜囲堤御普請被成下候節波除之為右堤通江御入用ヲ以葭萱御植被遊候処、堤丈夫ニ相成段々葭萱生茂候処、田中三左衛門殿杢進様江被申上候者夥敷御入用ヲ以御普請被成下候得者右葭萱御立野ニ被遊可然由被申上候故、享保十一午年御立埜

ニ罷成塩浜見廻り役欠真間村安兵衛・湊村平四郎・本行徳伊兵衛・高谷村半右衛門右四人之もの共被仰付、則堤間数長法反歩ニ積り一坪何把刈ト委細相改帳面差上候、右御立野組合者新井・欠真間・両湊・押切・関ケ島・本行徳・高谷合而八ケ村ニ候、然ル処右午年与り丑迄八ケ年之間者御立野村人足ニ而為刈取被遊候而塩浜御普請所并川除御普請所御遣ひ被遊候、享保十九寅年疋田庄九郎様御支配之節是又村人足ニ而為刈取代永ニ而入札村請ニ被　仰付候、同廿卯年伊奈半左衛門様御支配之節、卯より未迄五ケ年賦被仰付候、元文五申年より戌年迄三ケ年賦ニ右御同人様御支配之節者被　仰付候

野萱代永上納直段覚

享保十九年疋田庄九郎様御支配之節
一、野萱拾束ニ付　代永八拾壱文三ト
同廿卯年より元文四未年迄五ケ年賦
伊奈半左衛門様御支配之節
一、同　　代永九拾五文
元文五申年より寛保二戌年迄三ケ年賦

右御同人様御支配之節
一、同　　　　代永右同断
寛保三亥年より巳年迄七ケ年賦
柴村藤右衛門様御支配之節
一、同　　　　代永百五文
（文部省史料館文書）

まとめ　すべては「徳」のために

いにしえに訪れた人々

千葉県に住む人々の祖先の多くは、海洋民族としての「海の民」です。海運業を営むとともに、各地に拠点を構え、漁労などにも従事しました。海上の豪族であり、水軍とも呼ばれ、別称「海賊」とも称されました。船や沿岸地方を襲って、財貨を強奪する盗賊に堕するようになったのはずっと後世のことでした。

国府台に下総国府が置かれたのは、大化改新後の西暦六五〇年頃のことでした。国府への荷物の運搬は船によるのが最適でした。平安時代にはすでに行徳の地に国府の津が置かれていたと考えられます。

当時はいまのような港湾施設はなく、大船が川口を出たところなどの沖に停泊していました。川舟が大船と岸（津）との間を行き来して荷物の積み替えをしました。このような海上の常設の場所を「湊」といいました。

国府津《こうづ》には、大船の水夫《かこ》たちの宿舎や家族たちの家もあったことでしょう。また、川舟の船頭たちの生活の場所でもありました。下総の地は葛《くず》の産地であり、根は解熱剤と葛粉になり、蔓の繊維は葛布《くずふ》となりました。

しかし、海の民は塩作りをしました。塩は貴重品であり、都の役人の給料として支給されていたからです。塩作りの技術は、海の民である船頭たちが都や瀬戸内から導入したものです。このように国府津は都からの新鮮な情報が集まる場所でもありました。

葛西御厨の神明様

葛西御厨の成立年代は定かではありません。鎌倉幕府成立以前にはすでに篠崎郷があり、神明社が祀られていました。神明社で使用する御塩《みしお》は行徳塩浜で採れた塩でした。なお、船橋御厨、八幡庄などの神社で使う塩も行徳塩だったに違いありません。

そのため、本行徳の中洲（現、江戸川区篠崎町辺り）にあった神明社に来ていた「行徳様」が塩製造の技術指導をしたのです。海の民の末裔である行徳塩浜の人々は塩作りと運送業を生業としていたと思われます。

鎌倉・室町時代は葛西御厨も安泰でした。戦国乱世のときは、小田原の北条氏へ塩年貢を納めました。豊臣秀吉によって葛西御厨は最終的に消滅し、徳川幕府によって大規模な塩田開発がされました。また、江戸川の流路変更工事がされました。

行徳の地に北条氏や里見氏の落人が多数訪れました。とくに、その当時は未開の地だった湊・欠真間・新井に住み着いたのです。また、大工事のために大勢の人達が働きに来ました。主としてお祭り用の御塩を生産していた塩浜は「軍用第一」としての塩浜とされたのでした。

ところが、塩浜一五カ村の農民は中洲にあった神明社を本行徳の地に遷座し、塩浜付村々の総鎮守としたのでした。ここに行徳塩浜の基本的性格が浮き彫りになっています。

「行徳」を護り抜いた人々

江戸時代を通じて行徳塩浜は消滅の危機に何度かあいました。大阪からの下り塩の大量流入、塩浜への幕府援助の弛緩、天変地異との闘いがありました。そのため、古積塩の開発、幕府援助の嘆願などに手を尽くしています。

その先頭に立ったのは、名主といわれる人たちでした。そして、名主の後ろには塩浜で働く無数の大衆の姿がありました。特定の「英雄」の名前が残っていないのはそのためです。

行徳の塩は、単に軍用ではなく、ましてや「儲ける」ためのものではなかったのです。お金に執着しない行徳人気質のルーツは、この辺りにあるのかも知れません。もちろん、生業として成り立たなくてはなりませんが、それ以上ではなかったのです。江戸時代を通じて、行徳塩浜では百姓一揆は起きていません。いにしえの昔、行徳に住み着いた海の民の末裔は、塩作りをするとともに行徳船の許可も取得しました。記録には残っていませんが、各方面への大変な運動をしたと思われます。

こうして水運業も盤石となったのでした。塩と運送を両輪として行徳は栄えました。明治二二年（一八八九）、本行徳に鉄道を敷設する案が提示されたとき、行徳の人々は賛成しませんでした。それは、「御塩浜」である行徳の地に鉄道線路を敷設することは「ケガレ」であると考えたからに違いありません。さまざまな好条件が示されたことでしょう。それでも実現しなかったところに重大な意味がありま す。

行徳船は明治一二年（一八七九）に廃止され、陸《おか》蒸気（鉄道）全盛の時代になりつつあるとき、将来を見通せないはずはないにもかかわらず、協力しなかったのでした。決して、先見の明がないとか、人物がいなかったためではないのです。逆に、一時的な不利益を承知のうえだったと思われます。このようにして、かたくなに守ろうとしたものは何だったのでしょうか。

それは「行徳様」がこの地に残してくれたもの、地名にまでして伝えようとしたいにしえの人々の思い、それは「徳」というものでした。

　海の民は助け合わなければ決して海原で生き残ることはできません。厳しい自然を生き抜き暮らしていくための知恵を「徳」という言葉に秘めて、行徳塩浜の人々は生き抜いてきたのです。「徳」とは行ないであり、助け合いであり、寄り添うことです。それは大衆の力ということです。「徳」を忘れれば、明日はありません。

蘇った行徳

　文明開化から忘れ去られたように、陸の孤島として行徳の地にひっそりと七十数年間が過ぎ去りました。塩浜は「行徳水郷」として東葛飾郡随一の水田地帯に変貌していました。

　御塩を採る塩浜も消滅し、黄金色の水田が広がっていました。伊勢内宮を勧請した神明神社も今は「豊受神社」となりました。人口も増えて各村には鎮守も祀られました。それでも本行徳の神明神社は行徳の総鎮守としてお祀りされています。

　今行徳は、七万数千世帯、人口一五万数千人を擁する大都会となりました。消滅した「水駅」は今「陸駅」として蘇ったのです。

【参考文献】

「市川市史」市川市史編纂委員会編　吉川弘文館

「市川市史年表」市川市史編纂委員会編　吉川弘文館

「千葉県東葛飾郡誌（復刻版）」千秋社　一九八八年一〇月五日発行

「市川市立行徳小学校創立百年記念誌『行徳』」市川市立行徳小学校　一九七三年二月一六日発行

「市川市立南行徳小学校創立一二〇周年記念誌『未来を拓く子どもたちへ』」市川市立南行徳小学校　一九九三年一〇月九日発行

「市川の伝承民話（第一集〜第七集）」市川市教育委員会

「ぎょうとく昔語り」行徳昔話の会　二〇〇〇年一一月一五日発行

『おばばと一郎（一〜四）』鈴木和明著　文芸社　二〇〇〇年一月五日〜二〇〇一年八月一五日発行

『僕らはハゼっ子』鈴木和明著　文芸社　二〇〇二年五月一五日発行

「房総叢書（第六巻）『葛飾誌略』」房総叢書刊行会　一九四一年一一月一〇日発行

「改訂房総叢書（第四巻）『房総三州漫録』」房総叢書刊行会　一九五九年五月三〇日発行

「燕石十種（第五巻）『葛飾記』」岩本活東子編　中央公論社　一九八〇年一月二五日発行

「区画整理のあゆみ」市川市南行徳第一土地区画整理組合　一九七四年二月二八日発行

「区画整理のあゆみ一九七四」市川市南行徳第二土地区画整理組合　一九七四年三月二七日発行

「南行徳第三土地区画整理組合記念誌」市川市南行徳第三土地区画整理組合
「区画整理のあゆみ一九七五」市川市行徳土地区画整理組合　昭和五〇年三月一一日発行
「街づくりの軌跡」市川市妙典土地区画整理組合　二〇〇〇年
『影印・翻刻・注解　勝鹿図志手繰舟』高橋俊夫編　崙書房　一九八〇年七月三〇日発行
『行徳物語』宮崎長蔵・綿貫喜郎共著　青山書店　一九七七年一〇月一五日発行
『勝鹿図志手ぐり舟』宮崎長蔵著　ホビット社　一九九〇年九月二九日発行
『下総行徳塩業史』楫西光速著　一九四一年一〇月三〇日発行
『葛飾風土史　川と村と人』遠藤正道著　明光企画　一九七八年三月二二日発行
『郷土と庚申塔』遠藤正道著　飯塚書房　一九八〇年一〇月三一日発行
『浦の曙』遠藤正道著　飯塚書房　一九八二年一月一〇日発行
『行徳の歴史散歩』祖田浩一著　行徳新聞社　一九八四年八月二〇日発行
「観音札所のあるまち　行徳・浦安」写真 石井久雄、文 中津攸子　一九八四年一一月三日発行
『塩の日本史（第二版）』廣山堯道著　雄山閣出版　一九九七年七月五日第二版発行
『江戸内湾塩業史の研究』落合功著　吉川弘文館　一九九九年一月二〇日発行
「千葉県の地名」日本歴史地名大系（第一二巻）平凡社　一九九六年七月一二日発行
「千葉県神社名鑑」千葉県神社庁　一九八七年一二月二七日発行
「市川の郷土史・内匠堀の昔と今」市川博物館友の会歴史部会編集　一九九五年九月一日発行

「木下街道展～江戸と利根川を結ぶ道」 市立市川歴史博物館 一九九九年九月二六日発行
「市川市の町名」 市川市教育委員会 一九八七年三月三一日発行
「郷土読本 市川の歴史を尋ねて」 市川市教育委員会 一九八八年三月二〇日発行
「行徳レポート その（一） 年表・絵地図集」 市立市川歴史博物館 一九八九年三月一一日発行
「利根川木下河岸と鮮魚街道」 山本忠良著 一九八二年八月三〇日発行
「よみがえれ新浜」 行徳野鳥観察舎友の会 一九八六年四月一日発行
「浦安町誌（上）」 浦安町誌編纂委員会編集 一九六九年一二月一日発行
「災害と闘ってきたまち―浦安市災害史調査報告書」 浦安市教育委員会 一九九六年三月発行
「水に囲まれた町―浦安市交通史調査報告書」 浦安市教育委員会 一九九六年三月発行
「江戸川区史（第一巻）」 江戸川区 一九七六年三月一五日発行
「江戸川区の歴史」 江戸川区刊 一九七九年一月一五日発行
「古文書にみる江戸時代の村とくらし②街道と水運」 江戸川区教育委員会編
一九九一年三月三一日発行
「利根川治水ものがたり」 財団法人河川情報センター 一九九五年三月発行
「利根川の洪水」 須賀堯三監修、利根川研究会編 一九九五年三月三一日発行
『房総の芭蕉句碑 下総編』 井上修之介著 崙書房 一九七九年一〇月三〇日発行
「行徳カタログ二〇〇二―二〇〇三」 明光企画 二〇〇二年七月二〇日発行

『「成田参詣記」を歩く』川田壽著　崙書房　二〇〇二年一月二〇日発行
『房総の道成田街道』山本光正著　聚海書房　一九八七年三月二五日発行
『川蒸気通運丸物語』山本鉱太郎著　崙書房　一九八〇年一一月三〇日発行
『市川・船橋戦争』山形紘著　崙書房　一九八三年六月三〇日発行
『人が汽車を押した頃』佐藤信之著　崙書房　一九八六年一一月二〇日発行
『時代考証事典』稲垣史生著　新人物往来社　一九九七年一一月一日第一九版発行
『お伊勢まいり』矢野憲一・山田孝雄・宮本常一他著　新潮社　一九九三年九月二〇日発行
『関所　その歴史と実態《改訂版》』大島延次郎著　新人物往来社　一九九五年九月一五日発行
『船橋歴史風土記』綿貫啓一著　崙書房　一九八四年三月一五日発行
『広辞苑（第四版）』岩波書店　一九九一年一一月一五日発行
『原寸復刻江戸名所図会（下）』評論社　一九九六年一二月二〇日発行

あとがき

わが家の歴史を書き残そうと、ペンを握ってから数年が過ぎました。世に出したものも、出さなかったものもあります。

文芸社とはちょっとしたきっかけで出会いがありました。社員の方々の温かい援助があり、今日まで過ごして来ました。

その間、「京葉タイムス」を発行している有限会社行徳ニュース社の山口茂社長さんからのお勧めがあり、同紙に「行徳・つりと歴史散歩」を連載させていただいております。

執筆の過程でさまざまな調査をしているのですが、こんな本があったらいいな、とか、このようにまとめてあったら便利なのだが、と思うことがありました。

そうであるならば、いっそのこと自分で作ってしまったらいい、と思うようになったのです。本書を執筆する動機は、そのような単純なことだったのです。

私は、行徳で生まれ、育ち、学び、生活しています。先祖代々の人間です。ですから、土地勘があって、古老からお話を伺う場合でも、おたがいに余計な注釈がいらないのです。それは、郷土史の執筆者として最大の利点だと思います。

しかし、利点は欠点でもあると思っています。自ら体験し、聞き書きしてきたことを、「真実」だと思いこんでしまうからです。川の流れは変わり、建物は朽ち果て、栄枯盛衰は世の習いなのですから。

ですから、さまざまな先達たちの著作を読みました。甲乙つけがたい対立する見解にもあたりました。それを自分なりに咀嚼《そしゃく》する時間がどうしても必要でした。原稿用紙に、文字として表わすまでには心の中での熟成期間が必要だったのです。

二〇〇二年一〇月からは、南行徳公民館の田中勉館長、担当の和田順子さんの温かいご指導で、「行徳の歴史・文化の探訪」の講座を担当させていただきました。この過程で、ますます執筆の必要性を感じ、ペンを握ったのでした。

文芸社のセミナー管理事務局長沢邦武局長、西田裕樹氏、永田津一氏、編集部の佐藤圭子氏、校閲部の皆さんに大変お世話になりました。本稿を借りてお礼申し上げます。

本書が、行徳の郷土史を豊かにする一助になれば望外の幸せです。

二〇〇三年四月吉日

鈴木和明

ヤ行

ラ行

マ行

ナ行

ハ行

タ行

サ行

カ行

索　引

ア行

著者プロフィール

鈴木 和明 (すずき かずあき)

1941年、千葉県市川市に生まれる。

南行徳小学校、南行徳中学校を経て東京都立上野高等学校通信制を卒業。

1983年、司法書士試験、行政書士試験に合格、翌1984年司法書士事務所を開設。1999年、執筆活動を始める。南行徳中学校ＰＴＡ会長を二期務める。新井自治会長を務める。「週刊つりニュース」ペンクラブ会員。出版コーディネーター。市川博物館友の会会員。

趣味：読書、釣り、将棋初段。

著書に『おばばと一郎』『おばばと一郎 2』『おばばと一郎 3』『おばばと一郎 4』『僕らはハゼっ子』（以上文芸社刊）、『20人の新鋭作家によるはじめての出版物語』（共著、文芸社刊）がある。

行徳郷土史事典

2003年11月15日　初版第1刷発行
2004年 4 月30日　初版第2刷発行

著　者　鈴木 和明
発行者　瓜谷 綱延
発行所　株式会社文芸社
〒160-0022　東京都新宿区新宿1－10－1
電話　03-5369-3060（編集）
03-5369-2299（販売）

印刷所　株式会社ユニックス

© Kazuaki Suzuki 2003 Printed in Japan
乱丁・落丁本はお取り替えいたします。

ISBN4-8355-6327-1 C0021

鈴木和明著既刊本　好評発売中！

のどかな田園風景の広がる行徳水郷を舞台に、幼年時代から現在に至るまでの体験を綴った私小説。豊かな自然と、家族の絆で培われていった思いが伝わる渾身の『おばばと一郎』全４巻。

男手のない家庭で日々の暮らしの中から、跡取りとして一郎を育む。そこにはおばばの強くて深い愛情が溢れていた。

四六判156頁、定価（本体1,200円＋税）

のどかではあるが厳しさを伴う自然、そしてそれを取り巻く人間関係の中で夢中に生きた祖父・銀蔵の生涯を綴った、前２作の原点ともいえる第３弾。

四六判192頁、定価（本体1,300円＋税）

今は亡きじいちゃん、とうちゃんへの想いも込めて、おばばとかあちゃんの深い愛情で育まれた一郎。貧しさの中で築かれる暮らしは、日本人のふるさとの原風景を表現。

四六判112頁、定価（本体1,100円＋税）

一郎の心身を育み、全身全霊をかけて深い愛情を注いだおばばとかあちゃん。つつましくも誠実な生き方を貫いてきた一家の歩みを通して描かれたもう一つの昭和史として語り継ぎたい完結編。

四六判116頁、定価（本体1,000円＋税）

僕らはハゼっ子

腕のよい釣り人になるには魚の生態を知ることが大切と、ハゼ釣り名人の著者が、ハゼの楽園江戸川の自然に対しての愛情と、釣りの奥義を愉快に綴ったエッセイ集。

四六判88頁、定価（本体800円＋税）